Wilhelm Windelband

**Die Lehren vom Zufall**

Wilhelm Windelband

**Die Lehren vom Zufall**

ISBN/EAN: 9783743314160

Hergestellt in Europa, USA, Kanada, Australien, Japan

Cover: Foto ©Thomas Meinert / pixelio.de

Manufactured and distributed by brebook publishing software (www.brebook.com)

Wilhelm Windelband

**Die Lehren vom Zufall**

DIE

# LEHREN VOM ZUFALL

VON

Dr. WILHELM WINDELBAND.

[BERLIN 1870]
SEIT 1916
VERLAG VON J. C. B. MOHR (PAUL SIEBECK)
IN TÜBINGEN

„Es giebt usurpirte Begriffe, wie etwa Glück, Schicksal, die zwar mit allgemeiner Nachsicht herumlaufen, aber doch bisweilen durch die Frage: quid juris? in Anspruch genommen werden, da man alsdann wegen der Deduction derselben in nicht geringe Verlegenheit geräth, indem man keinen deutlichen Rechtsgrund weder aus der Erfahrung noch der Vernunft anführen kann, dadurch die Befugnifs ihres Gebrauchs deutlich würde."

Es scheint so ziemlich die in diesen Worten Kant's[1]) ausgesprochene Lage zu sein, in der wir uns auch dem Begriffe des Zufalls gegenüber befinden, welcher mit den an jener Stelle beispielsweise erwähnten Begriffen des Glückes und des Schicksals in naher Verwandtschaft steht[2]). In der That ist auch der Zufall eine vieldeutige Bezeichnung, welche in der Sprache des Lebens wie der Wissenschaft in mannigfachen Beziehungen gebraucht wird, ohne dafs man sich immer der Berechtigung und der Tragweite eines solchen Gebrauchs genau bewufst sein mag: und in jedem Falle wird von irgend einem andern Gesichtspunkte aus die Befugnifs dieses Gebrauchs bestritten werden können. Schon diese einfache Beobachtung, welche man bei der alltäglichen Anwendung des Wortes „Zufall" machen kann, läfst darauf schliessen, dafs wir es mit einem Begriffe von sehr relativer Bedeutung zu thun haben, und fordert dazu auf, diesen proteusartigen Ge-

---

[1]) Kritik der reinen Vernunft. Werke, herausg. von Hartenstein. 1. Aufl. II. p. 118.

[2]) Bei den Griechen bedeutet $\tau\acute{u}\chi\eta$ Zufall und Glück: Glück ist der Zufall im Menschenleben. Vergl. Aristoteles. Phys. II. 4 f.

sollen nach seiner Legitimation zu fragen. Da wird er denn
bald diese, bald jene angeben, und gerade dem wechselvollen
Gebrauche des Wortes gegenüber hat sich diese Untersuchung
die Aufgabe gestellt, in der Prüfung der zum Theil sehr weit
auseinandergehenden Lehren vom Zufall die verschiedenen
Beziehungen dieses Begriffs zu zergliedern und die Berechtigung der jedesmaligen Anwendung zu beleuchten.

Allein diesen verschiedenen Beziehungen mufs ein gemeinschaftlicher Begriff zu Grunde liegen, den es vor der
Specification festzustellen gilt. Wenn wir daher von den
mannichfachen Veränderungen, die der Begriff erleidet, an
dieser Stelle noch absehen, so kommen alle Anwendungen
des Sprachgebrauchs dahin überein, unter Zufall eine Art
des Geschehens zu verstehen, die auch anders hätte ausfallen
oder ganz unterbleiben können, und zufällig dasjenige zu
nennen, was auch anders oder gar nicht sein könnte: quod
potest non esse [1]). Demnach wurzelt dieser Begriff, wenn er
auch stets auf wirkliches Geschehen angewendet wird, eigentlich im Gebiete der Möglichkeit. Defshalb konnten die
Scholastiker [2]) und Spinoza [3]) beide Begriffe „möglich" und
„zufällig" als parallele Ausdrücke derselben Sache ansehen.
Wir denken den Zufall als eine von mehreren Möglichkeiten
und zwar so, dafs sich diese eine Möglichkeit von den übrigen
nur durch ihre Thatsächlichkeit unterscheidet. Während nun
im Allgemeinen der Uebergang einer Möglichkeit zur Thatsache als die Folge einer Nothwendigkeit gedacht wird, ist
es das Fehlen dieser Nothwendigkeit, welches den Charakter
der Zufälligkeit ausmacht. Der Zufall besteht daher nach
dem Sprachgebrauch in dem blofs factischen, aber nicht nothwendigen Uebergang einer Möglichkeit in die Wirklichkeit,
und aus diesem Grunde nennt Rosenkranz [4]) den Zufall eine
Wirklichkeit, welche den Werth nur einer Möglichkeit hat.
So können wir nach den Andeutungen des Sprachgebrauchs
den Zufall als das durch keine Nothwendigkeit bedingte Wirk-

---

[1]) Trendlenburg. Logische Untersuchungen. II. Aufl. II. p. 196.
[2]) Abälard: „Possibile et contingens idem prorsus sonant: per possibile id demonstratur, quod natura patiatur. Vergl. Prantl. Geschichte der Logik im Abendlande.
[3]) Ethik I. prop. 33 schol. I. und IV. def. 3 u. 4: easdem res singulares.
[4]) Wissenschaft der logischen Idee. I, 439.

lichwerden einer Möglichkeit definiren: der behandelte Begriff gehört also zu den Kategorien der Modalität, wo er sich auch in der Kant'ischen Tabelle als die Antithese der Nothwendigkeit findet.

Somit ist das allgemeine Charakteristicum des Zufallsbegriffes etwas Negatives: es ist die Negation der Nothwendigkeit. So verschiedene Formen und Beziehungen also der Begriff der Nothwendigkeit einzugehen vermag, ebenso viele werden wir auch bei seiner Kehrseite, dem Zufall, finden. Der Zufall ist gewissermafsen der Schatten der Nothwendigkeit: je nach den Verhältnissen, in denen das Licht der verschiedenen philosophischen Lehren auf diesen Cardinalbegriff fällt, ändert auch jener Schatten seine Gestalt und Bedeutung.

## I. Zufall und Ursache.

Die Form der Nothwendigkeit, welche sich uns zuerst darbietet, ist diejenige, welche zwischen der Ursache und ihrer Wirkung Statt findet, die causale Bedingtheit, wie sie im Satze vom zureichenden Grunde des Geschehens ausgesprochen ist: jede Veränderung hat ihre Ursachen, aus denen sie mit Nothwendigkeit hervorgeht. Dieser Satz spricht die absolute Bedingtheit und Abhängigkeit alles Geschehens aus: woher er selbst und seine ausnahmslose Giltigkeit für das gesammte Gebiet menschlicher Erkenntnifs stammt, ist hier nicht der Ort, zu untersuchen. Es genügt, daran zu erinnern, dafs diese ausnahmslose Giltigkeit eine allgemein anerkannte und die Basis aller Wissenschaft, dafs der Satz vom Grunde dem Verstande als seine eigene Grundfunction so selbstverständlich und einleuchtend ist, wie die unbewiesenen Grundsätze der Mathematik: daher denn auch der Satz vom Grunde von der Naturwissenschaft als Axiom angenommen und in der Form des Trägheitsgesetzes oder Beharrungsvermögens an die Spitze der Physik gestellt worden ist. Von den vielen Formen, unter denen er in der Philosophie aufgetreten ist, sei hier nur die Fassung Spinoza's angeführt, welche sich ebenfalls als Axiom darstellt: „Ex data causa determinata necessario sequitur effectus: et contra si nulla detur causa, impossibile est ut effectus sequatur."[1])

Der zweite Theil dieser Fassung enthält schon die abweisende Kritik des Zufallsbegriffes, sofern er diese causale Nothwendigkeit aufheben will. Wir haben es in diesem Falle mit der rohesten Form unseres Begriffes zu thun, mit der absoluten Zufälligkeit, deren widerspruchsvolle Unmöglichkeit sofort in die Augen springt. Wenn das Wort „Zufall" irgend einer Thatsache gegenüber ausdrücken soll, dafs zum Eintreten derselben die zureichenden Gründe nicht vorhanden waren und dafs sie doch eingetreten ist „von ohngefähr", wie man zu sagen pflegt, so ist diese Vorstellung eine dem Grundgesetz alles Denkens widersprechende Ungereimtheit. Dafs es einen solchen Zufall nicht giebt, bedarf keines langen Beweises, sondern nur einer einfachen Besinnung auf das Grundgesetz des Denkens. Das Widerspruchsvolle der Sache tritt schon in der Sprache hervor, wenn man sagt: „dies geschieht durch Zufall" oder „der Zufall hat dies herbeigeführt" und dabei unter Zufall die Ursachlosigkeit verstanden wissen will. In beiden Fällen erhebt sich zwischen den Theilen des Satzes eine unauflösliche Dialectik. Denn „durch" ist der sprachliche Ausdruck für den Begriff der Verursachung, welcher andererseits durch das Wort „Zufall" für den betreffenden Fall geleugnet werden soll, und ebenso ist das Verhältnifs des Subjects „Zufall" zum activen Verbum der grammatische Ausdruck der wirkenden Ursache, deren Negation wiederum eben das Subject „Zufall" enthält. In beiden Fällen erscheint die Ursachlosigkeit als Ursache. Dieser Widerspruch zeigt, wie der Verstand, auch wenn er den Satz vom Grunde leugnen will, nur durch ihn zu denken vermag: zugleich aber verräth damit die Sprache, welche Vorstellung sich eigentlich hinter diesem rohen Begriff der absoluten Zufälligkeit verbirgt: es ist die einer dunklen, geheimnifsvollen Hand, welche, ohne selbst durch Ursachen bestimmt zu werden, in die geschlossene Kette der Ursachen und Wirkungen eingreift; es ist der unheimliche Gedanke einer unerklärlichen Willkür. Wie nahe verwandt aber die Annahme der absoluten Zufälligkeit und die der Willkür sind, beweist deutlich

[1]) Ethik. I. axiom. 3.

die epicureische Physik. Indem Epicur, um der unerbittlichen Nothwendigkeit des Fatums zu entgehen[1]), die Welt aus dem absoluten Zufall entstehen liefs, sah er sich genöthigt, dieselbe willkürliche Selbstbestimmung, die er in der Seele des Menschen annahm, auch den Atomen zuzuschreiben: diese, lehrte er, seien von dem ursprünglichen geradlinigen Falle willkürlich abgewichen und hätten so die Wirbel erzeugt, aus denen die Welt hervorging. Auf diese Weise konnte er dann die physischen und die psychischen Processe parallelisiren und sagen, es geschehe τὰ μὲν ἀπὸ τύχης, τὰ δὲ παρ' ἡμῶν.[2])

Allein diese Umsetzung der Zufälligkeit in die Willkür hat noch einen tieferen Grund: jener Begriff findet in diesem nur sich selbst wieder. Die Willkür ist nichts anderes, als die absolute Zufälligkeit in der Welt des inneren Geschehens: die Vorstellung des absoluten Zufalls d. h. der Unabhängigkeit von bedingenden Ursachen, welche in der selbst vor einer oberflächlichen Erfahrung sich fortwährend von Ursache zu Ursache bedingenden Reihenfolge der äufseren Naturerscheinungen keinen Raum findet, flüchtet sich in das menschliche Innere und erscheint dort als Willkür oder als absolute Wahlfreiheit. Dieser Begriff sagt nichts Anderes aus, als dafs in der Seele Entschlüsse unabhängig von bedingenden Ursachen möglich seien, und „so fällt", wie Drobisch sagt[3]) „dieser Begriff der absoluten Freiheit ganz mit dem der reinen Zufälligkeit zusammen." Wahlfreiheit soll eine Entscheidung möglich machen ohne bestimmendes Motiv, d. h. ein Geschehen ohne zureichende Ursache. Denn im menschlichen Innern ist die Form, in der die Ursache auftritt, das Motiv: von dieser Art des Geschehens aber mufs gelten, was von der Gattung gilt, die absolute Bedingtheit. Daher ist kein Grund dafür vorhanden, dafs Schopenhauer in der vierfachen Wurzel des Satzes vom Grunde das Gesetz der Motivation als ein coordinirtes dem Satze vom zureichenden

---

[1]) Vergl. Cicero de fato cap. 10, 22. Lucretius d. rer. nat. II. v. 254. Ritter. Geschichte der Philosophie III. p. 482.

[2]) Diogenes Laertius. X, 133.

[3]) Die moralische Statistik und die menschliche Willensfreiheit p. 63. Vergl. D. Hume, philosophical essays concerning human understanding, 8: liberty when opposed to necessity, not to constraint, is the same thing as chance, which is universally allowd to have no existence.

Grunde des Geschehens an die Seite stellt. Er selbst nennt[1]) das Motiv „die durch das Erkennen hindurchgegangene Causalität" und sagt ausdrücklich „dafs die Nothwendigkeit den Bewegungen auf Motive mit denen auf Reize gemeinschaftlich ist": somit ist die Nothwendigkeit der Motivation nur eine allerdings hervorragende Art der Nothwendigkeit des Geschehens überhaupt, aber keine andere Gattung der Nothwendigkeit. Freilich mag die Motivation „die Causalität von Innen gesehen"[2]) sein: allein, ob von innen oder von aufsen gesehen, haben wir es doch mit derselben Nothwendigkeit, mit der des Geschehens, mit der Causalität zu thun. Vielleicht war Schopenhauer hier auf der Spur der Zwecknothwendigkeit: da er aber das Motiv immer nur als Ursache des inneren Geschehens betrachtete, mufste er innerhalb der Causalität stecken bleiben. Wenn er aber ferner zur Begründung jener Coordination anführt[3]), dafs die Erkenntnifs der Motivation eine unmittelbare, die der äufseren Causalität dagegen eine mittelbare sei, so mag dies allerdings in Rücksicht auf die Art der Wirksamkeit zugestanden werden: allein es ist dabei doch auf die merkwürdige Thatsache hinzuweisen, dafs jene unmittelbare Erkenntnifs offenbar aufserordentlich viel seltener und schwieriger ist, als diese mittelbare. Denn es ist unzweifelhaft, dafs bei genauer Besinnung wohl kaum irgend Jemand an der absoluten Zufälligkeit des äufseren Geschehens festhalten wird, während die Annahme der Wahlfreiheit, welche doch nichts Anderes ist, als die Aufhebung des Motivationsgesetzes, eine auch bei ganz klarer Besinnung in der ganzen Welt verbreitete Ueberzeugung ist: und es läfst sich nach dem Vorigen behaupten, dafs die Vorstellung der äufseren Zufälligkeit sich nur einschleicht, weil sie sich im Geheimen auf die der Willkür stützt.

Man könnte diese eigenthümliche Erscheinung zunächst auf die theoretischen Schwierigkeiten zurückführen, welche die sich fast aller Beobachtung entziehende Schnelligkeit und Verwickeltheit der psychischen Processe mit sich bringt. Die Psychologie als exacte Wissenschaft von den Gesetzen, nach

---

[1]) Welt als Wille und Vorstellung. I. p. 138 f. Vergl. Wille in der Natur. 3. Aufl. p. 85 ff.
[2]) Ueber die vierfache Wurzel etc. § 43.
[3]) ibid.

denen sich die Vorstellungen gegenseitig bedingen, ist eine
sehr junge: und solange man von regelmäfsigen Verknüpfungen,
die zwischen den Thätigkeiten der Seele Statt finden, noch
gar keine wissenschaftliche Kunde hatte, stand der Vorstellung
der Willkür, der innern Zufälligkeit, keine zweifellos beobachtete Thatsache entgegen. Es scheint zu erwarten, dafs,
je mehr die Wissenschaft begonnen hat, wenigstens von einzelnen Punkten her den Mechanismus der Seele blofs zu legen
und nachzuweisen, wie die Gesetze desselben mit der näm-
lichen unveränderlichen Nothwendigkeit herrschen, der die
äufseren Erscheinungen gehorchen, dafs in demselben Mafse
auch die Täuschung einer ursachlosen Willkür schwinden
und an die Stelle der Zufälligkeit die Ueberzeugung des
inneren Determinismus[1]) treten wird. Man hat das liberum
arbitrium vor Allem darin gesucht, dafs der Wille zwischen
zwei gleich starken Motiven sich entscheidet: allein der Buri-
dan'sche Esel, der, gleich weit von gleich grofsen, gleich schön
duftigen Heubündeln stehend, bei den Methaphysikern schon
längst hätte verhungern müssen, verhungert eben nur in der
Methaphysik: in der Wirklichkeit werden niemals zwei Summen
von Motiven ganz gleich sein. Der Wille ist in dieser Rücksicht einer bis ins Unendliche empfindlichen Wage zu ver-
gleichen, die, auch sehr stark auf beiden Seiten beschwert,
noch auf den kleinsten Gewichtszusatz einen Ausschlag giebt:
und indem wir diese kleinsten Zusätze nicht mehr bemerken,
entsteht die Täuschung, als handle der Wille ohne zureichenden
Grund oder zufällig.

Der Determinismus aber würde sich selbst mifsverstehen,
wenn er damit die Seele für ein rein passives Wesen erklären wollte, wie er wohl aufgefafst worden ist. Es kann
vielmehr nur behauptet werden, dafs jede Handlung des
Menschen die nothwendig erfolgende Resultante aus den gegebenen Bedingungen und aus der Natur der entscheidenden
Seele sei. Wenn man es daher oft genug ausgesprochen hat,
dafs, wer den Charakter eines Menschen und die ganze Summe
der in einem bestimmten Falle auf ihn wirkenden Motive
genau kennte, seine Entscheidung mit derselben Sicherheit
vorauszusagen vermöchte, mit welcher der Physiker für den

---

[1]) Vergl. Drobisch a. a. O. p. 70 u. 106.

Eintritt gewisser Bedingungen den Weg und die Geschwindigkeit eines geworfenen Steines vorausbestimmt, so ist es gut, hierin gerade das hervorzuheben, daſs die Handlung aus den Bedingungen allein nicht erklärbar ist, sondern erst dadurch eintreten kann, daſs auf diese Reize die Seele mit der ihr eigenthümlichen Activität reagirt. In dieser Rücksicht muſs nun freilich darauf aufmerksam gemacht werden, daſs die nämliche Selbständigkeit der Reaction auch allen materiellen Dingen zukommt. Auch die Natur kennt keine absolute Passivität: auch in ihr ist jede Wirkung ebenso durch die Eigenthümlichkeiten desjenigen Körpers bestimmt, den wir den leidenden zu nennen pflegen, wie durch die besondere Beschaffenheit desjenigen, den wir als den handelnden betrachten[1]). Der Uebergang der lebendigen Kraft aus einem Körper in den andern ist das ungelöste Räthsel der Naturwissenschaft: in ihr sind alle Ursachen, von dem mechanischen Stoſs, dem der Gegenstoſs antwortet, bis hinauf zu der Aetherschwingung, der die Erregung des Sehnerven entspricht, nur Gelegenheitsursachen, d. h. gegebene Bedingungen, auf deren Eintritt mit einer unbegriffenen, aber als factisch nachgewiesenen Nothwendigkeit das getroffene Ding die ihm eigenthümliche Kraft ausübt[2]). Wenn man die Activität des Charakters als die Freiheit des Menschen definirt hat[3]), so liegt der Schwerpunkt dieser Definition nicht in der Activität, welche ein gemeinschaftliches Merkmal alles Seienden ist: sonst würde Spinoza Recht haben, zu behaupten, daſs auch der geworfene Stein, wenn er Bewuſstsein hätte, glauben würde, frei zu sein.

Das Schiefe in diesem Ausspruche Spinoza's führt uns zu einem anderen Begriffe der Freiheit, den wir auch in seiner Beziehung zur Zufälligkeit zu prüfen haben. Es ist nämlich

---

[1]) Es wäre hier eine Gelegenheit für die Dialectik, zu entwickeln, wie die Begriffe Activität und Passivität in einander übergehen: Activität ist Handeln auf Reize, also bedingt durch die Reize, folglich Passivität: Passivität aber ist Reaction auf Reize, also jedenfalls auch Action: und so erzeugt sich aus beiden der metaphysische Grundbegriff der Wechselwirkung.

[2]) Aus diesem Grunde muſs die Undurchdringlichkeit, welche nichts Anderes ist, als das Prinzip der Gegenbewegung, zu den Fundamentalproblemen der Naturphilosophie gerechnet werden.

[3]) Vergl. Herbart: Zur Lehre von der Freiheit des menschlichen Willens. Werke IX. p. 278: „Determinirt ist jeder ausgebildete Charakter durch seine Activität, welche Activität mit vollem Rechte Freiheit heiſst."

keineswegs die begleitende Thätigkeit des Bewufstseins, wie
es Spinoza darstellen möchte, sondern die causale Activität
desselben, welche den Begriff der Freiheit ausmacht. In diesem
Sinne unterscheidet die Physiologie willkürliche Bewegungen,
d. h. solche, welche nur durch die Activität des Bewufstseins
möglich sind, von den Reflexbewegungen, d. h. von solchen,
die vom Bewufstsein begleitet sein können, aber von der
Wirksamkeit desselben unabhängig sind und daher auch nach
Fortnahme desselben geschehen. Auf diesem Wege gelangen
wir zu einem Begriffe der Freiheit, der sich nicht mehr auf
den allem Scienden gemeinschaftlichen Begriff der Activität
stützt, sondern auf die Eigenthümlichkeit desjenigen, was in
den freien Wesen die Activität ausübt: des Bewufstseins.
So wird das Reich der Freiheit dem der Natur gegenübergestellt. Dieser Begriff der Freiheit hat keine Verwandtschaft
mehr mit der Zufälligkeit und streitet daher auch nicht mehr
mit dem Satze vom Grunde, wie der der Wahlfreiheit. Denn
eben diese Activität des Bewufstseins schreitet nach den Gesetzen einer unabweisbaren Nothwendigkeit so gut wie jede
andere Activität und mit einer fortwährenden Bedingtheit von
Wirkung zu Wirkung fort, sodafs jeder Act derselben als
die nothwendige Folge aller vorhergehenden und der neu
eintretenden Bedingungen angesehen werden mufs. In diesem
Begriff der Freiheit ist also für die willkürliche Ursachlosigkeit, für den Zufall, kein Raum mehr: aber sie ist auch keine
absolute Wahlfreiheit, sondern nur die Freiheit der Ueberlegung[1]), die Fähigkeit, die auf den Willen wirkenden Motive zu erkennen und durch das Bewufstsein zwischen ihnen
eine Entscheidung zu treffen, die von der Eigenthümlichkeit
des jedesmal entscheidenden Bewufstseins abhängen mufs und
eben darum eine in causaler Nothwendigkeit bedingte Wirkung ist.

Noch einen andern, freilich rein negativem Sinn hat man
dem vieldeutigen Worte Freiheit untergelegt, um diesen Begriff nicht der Zufälligkeit anheimfallen zu lassen. Es wurde
bereits erwähnt, dafs kein Ding in seinen Wirkungen nur
von äufseren Ursachen abhängig, aber auch keins ganz unabhängig von ihnen ist: vielmehr besteht die Bedingtheit,

---

[1]) Vergl. Schopenhauer. Die beiden Grundprobleme der Ethik. p. 8.

welche wir allen endlichen Wesen zuschreiben, gerade darin, dafs sie, um die eigenthümliche Kraft ihres Wesens zu entfalten, des Eintritts gewisser von aufsen an sie herantretenden Bedingungen bedürfen. Mit diesen für die Entfaltung der den einzelnen Wesen eigenthümlichen Kraft günstigen Bedingungen können nun aber zugleich andere eintreten, deren Mitwirkung jene günstigen Bedingungen ganz oder theilweise aufhebt: dies ist der Begriff der Hemmung, der Gezwungenheit, der Unfreiheit. In diesem Sinne sagen wir, ein Ding befinde sich im Zustande der Freiheit, wenn es unter solchen Bedingungen wirkt oder handelt, dafs ihm die volle Entfaltung seiner eigenthümlichen Kraft möglich ist: so reden wir vom freien Fall, von freier Electricität, und dies ist die Freiheit gegenüber der Sclaverei. Diese Freiheit — es ist nicht die des Wollens, auch nicht die des Ueberlegens, es ist die des Thuns — enthält ebenfalls keinen Widerspruch gegen den Satz vom Grunde und hat daher mit der Zufälligkeit nichts zu thun. Dieser Begriff ist nicht der Nothwendigkeit, sondern der Gebundenheit und Gezwungenheit entgegengesetzt. Daher verbessert sich Spinoza selbst[1]): „necessaria vel potius coacta ea res dicitur, quae ab alio determinatur ad existendum et operandum", daher sagt Hume in der angeführten Stelle „liberty when opposed to necessity not to constraint". Wenn also Oettingen[2]) unter Freiheit „die Bewegung gemäfs dem einen Wesen innerlich inhärirenden, ihm eigenthümlichen Gesetze" verstanden wissen will, so ist es allerdings nicht schwer, dieselbe mit der Nothwendigkeit in Einklang zu bringen: denn ein solcher Begriff der Freiheit trägt in dem Merkmal des Gesetzes die Nothwendigkeit schon in sich. Aufserdem sei bemerkt, dafs dieser Begriff der Freiheit nur uneigentlich von den Dingen ausgesagt wird: er bezieht sich zunächst nur auf einen Zustand und auf eine Wirksamkeit; und einem Dinge zugesprochen müfste er bedeuten, dafs demselben ein

---

[1]) Ethik I. def. 7. Dagegen nennt er „frei": quod ex sola suae naturae necessitate existit et a se sola ad agendum determinatur; daher denn auch nur Gott causa libera sein kann: Eth. I. append., vergl. K. Fischer. Geschichte der neueren Philosophie 1. B. 2. Th. p. 243. Es sei hier nur auf das agere und operari Rücksicht genommen: über die Freiheit und die Nothwendigkeit des Seins wird weiter unten die Rede sein.

[2]) Moralstatistik. I. 75.

solcher freier Zustand und eine solche freie Wirksamkeit nothwendig zukommen. Wenn nun diese beiden Begriffe der Freiheit mit der Zufälligkeit keine Verwandtschaft haben, so wird es auch bei einem dritten nicht der Fall sein, der in einer Vereinigung jener beiden sich speciell auf die menschliche Freiheit bezieht. Beruhte nämlich der erste jener beiden Begriffe auf der Activität des Bewußtseins, der zweite dagegen auf der freien Entfaltung der einem Wesen zugehörigen Eigenthümlichkeit, so müssen, da die dem Menschen zukommende Eigenthümlichkeit die vernünftige Ueberlegung ist, beide Begriffe beim Menschen zusammenfallen und den Begriff der Freiheit als eines solchen Zustandes der Seele erzeugen, in der dieselbe in unbeirrter Ueberlegung ihre eigne Thätigkeit zur Entwickelung bringt: im inneren Leben des Menschen fallen die Freiheit des Ueberlegens und die des Thuns zusammen. Dies ist die Freiheit, welche Aristoteles als die nothwendige Grundlage der Tugend ansieht: die volle klare Erkenntniß der Sache, um die es sich handelt, und des sittlichen Gebotes[1]). Demnach haben wir in Rücksicht auf den Menschen zwei Freiheiten zu unterscheiden, die eine des äußeren, die andere des inneren Handelns, die eine, zu thun, was er will, die andere, mit voller Klarheit seines persönlichen Bewußtseins sich zu entscheiden. Jene kommt dem Menschen nur in beschränktem Maaße zu, da er sich in einer Welt vorfindet, die ihm zur Ausführung seiner Absichten nicht nur nicht immer die Werkzeuge zur Verfügung stellt, sondern ihm auch nicht selten unübersteigliche Hindernisse in den Weg legt: diese aber erscheint als der dem innersten Wesen des Menschen vollkommen entsprechende Zustand und deshalb als sittliches Ideal. Das dem menschlichen Wesen „innerlich inhärirende, ihm eigenthümliche Gesetz" ist das Gesetz des Guten, und je mehr er fähig ist, in seinem inneren Thun, d. h. in seinem Wollen, diesem Gesetze zu folgen, desto freier

---

[1]) Vergl. Trendelenburg. Historische Beiträge zur Philosophie II. p. 54: „Hiernach setzt Aristoteles das Freie in die vom Verstande bestimmte und dem Wesen des Menschen eigenthümliche Thätigkeit." Aristoteles. Eth. Nic. III. cap. 3 u. 4, besonders 3: ἑκούσιον δόξειεν ἂν εἶναι οὗ ἡ ἀρχὴ ἐν αὐτῷ εἰδότι τὰ καθ' ἕκαστα ἐν οἷς ἡ πρᾶξις.

ist er¹). Unfrei dagegen wird der Wille, wenn diese Entfaltung des sittlichen Lebenskerns durch die überwiegende Gewalt der Leidenschaften unmöglich gemacht wird. In diesem Sinne sagt Jacobi²), das Wesen der Freiheit bestehe in der Unabhängigkeit des Willens von der Begierde: in gleichem Sinne erklärt die Theologie, dafs die wahre Freiheit nicht in der Willkür, sondern in der Unterwerfung unter das göttliche Sittengesetz sich zeige, und bestimmt die Sünde, die Herrschaft der Begierde, als den Zustand der Knechtschaft und Unfreiheit. Auf dieselbe Anschauung läuft auch die Leibnitz'sche Freiheitslehre hinaus, wonach die Motive den Willen nicht necessitiren, aber incliniren, d. h. wonach die Motive erst dadurch für die eintretende Handlung entscheidend werden, dafs der Wille, durch sie angeregt, vermöge seiner eigenen Natur zwischen ihnen entscheidet. Nichts anders endlich enthält auch die Herbart'sche „Idee der inneren Freiheit": es ist die Herrschaft des moralischen Urtheils über die Begierde, wie er sie in den begeisterten Worten schildert³): „Fassen wir es auf, dies Vernunftwesen! Erhebt sich in ihm ein Begehren, Beschliefsen, sogleich steht vor ihm das Bild seines Begehrens und Beschliefsens: es erblicken und beurtheilen ist eins; das Urtheil schwebt über dem Willen: indem das Urtheil beharrt, schreitet der Wille zur That." Gewifs werden wir keinen Augenblick zweifeln, diese Idee der Freiheit als das sittliche Ideal anzusehen und uns in voller Ueberzeugung zu ihr zu bekennen: aber wir werden uns auch darüber klar sein müssen, dafs eine solche Freiheit mit der Ursachlosigkeit und Unbedingtheit garnichts mehr zu thun hat, dafs er vielmehr — so sehr sich Herbart am andern Orte⁴) davor verwahrt — die letzte Consequenz des inneren Determinismus ist. Denn wenn wir einen Menschen wüfsten, der dies Ideal der inneren Freiheit vollkommen erreicht hätte, so würden wir gerade seine Entscheidungen für jeden gegebenen

---

¹) Vergl. Leibnitz in dem von Trendelenburg, historische Beiträge II. p. 188 ff. mitgetheilten Briefe de fato: „summa libertas est, ad optimum recta ratione cogi: qui aliam libertatem desiderat, stultus est. — — In nullius potestate est, velle quae velit etc."
²) Werke IV, 1. p. 27. Vergl. Herbart. Werke IX. p. 314.
³) Allgemeine praktische Philosophie I, 1. Werke VIII. p. 34. Vergl. Trendelenburg, logische Untersuchungen II. p. 93.
⁴) Werke IX. p. 255.

Fall mit absoluter Sicherheit voraussagen können. Wenn Freiheit die Selbstbestimmung des vernünftigen Charakters ist, so ist sie eben darum keine willkürliche, ursachlose und zufällige, sondern eine gesetzmäfsige und nothwendige Entscheidung.

Es kann hier keineswegs die Absicht sein, eine Lösung des Freiheitsproblems zu versuchen: es handelt sich nur darum, die verschiedenen Beziehungen zu entwickeln, in denen die mannichfachen Begriffsbestimmungen der Freiheit zu der absoluten Zufälligkeit stehen. In dieser Rücksicht bleibt nun noch die entscheidende Wendung zu betrachten, welche Kant diesem Problem gegeben hat und welche, ebenso wie der verwandte platonische Mythos von einem aufserzeitlichen ethischen Wahlact der Seele[1]), auf einer rein ethischen Grundlage ruht. So sehr nämlich auch die theoretische Betrachtung auf die absolute Bedingtheit alles, also auch des inneren Geschehens hindrängt, so scheinen doch die sittlichen Thatsachen der Verantwortlichkeit, das moralische Urtheil und das Gewissen, die Annahme der absoluten Wahlfreiheit zu fordern: es scheint, als hätte alle Verantwortlichkeit keinen Sinn, wenn ihr die Möglichkeit einer anders ausfallenden Willensentscheidung und daher die Zufälligkeit der jedesmaligen Entscheidung zu Grunde läge, es scheint ungereimt, Jemand für etwas verantwortlich zu machen, was nothwendig so geschehen mufste, als es geschah. Daher kommt Platner[2]), welcher „die durch die Selbstthätigkeit bewirkte Willensentscheidung als zufällig" ansieht, zu dem Schlusse, dafs die theoretische Vernunft den Determinismus, die practische die Zufälligkeit des inneren Geschehens lehren müsse. Diese Antinomie der theoretischen und der practischen Vernunft suchte Kant mit Hilfe der transscendentalen Aestethik zu lösen. Während er von vornherein den ganzen Prozefs des menschlichen Handelns als eine zeitliche Aufeinanderfolge von inneren Erscheinungen der ausnahmslosen Giltigkeit des Causalitätsgesetzes unterwirft[3]), sucht er in dem intelligiblen Charakter die transscendentale, jenseits aller Erscheinung und daher unabhängig vom Cau-

---

[1]) Plato, respubl. 10 cap. 13—fin.
[2]) Philolophische Aphorismen II. § 674. 667 ff.
[3]) Vergl. u. A. Kritik der reinen Vernunft: Erläuterung zur Auflösung der kosmologischen Ideen. Werke II. p. 424.

salitätsgesetze befindliche Freiheit. Der empirische Charakter in dem ganzen Verlauf seiner Handlungen ist nur die Erscheinung jenes intelligiblen [1]. Hiergegen macht Trendelenburg [2]) den Einwurf, dafs sich diese Lehre in den allgemeinen Widerspruch des Kantischen Idealismus verwickle, das Ding an sich causal zu machen, obwohl das Causalitätsgesetz als Kategorie nur für Erscheinungen giltig sein sollte. Dieser Vorwurf trifft in der That die Kantische Beweisführung: denn nach der transscendentalen Logik können die Kategorien nur von Erscheinungen ausgesagt, also auch nur Erscheinungen als Ursachen betrachtet werden: in die tiefe unübersteigliche Kluft, welche Kant zwischen dem Ding an sich und der Erscheinung zu befestigen suchte, fällt demnach auch diese Beweisführung. Allein damit ist noch nicht gesagt, dafs dieser Einwurf den Begriff einer transscendentalen Freiheit überhaupt beseitige. Vielmehr sollte grade der Kantische Widerspruch darauf aufmerksam machen, dafs, wenn der Begriff der Erscheinung, wie dies Kant [3]) selbst zugiebt, mit Nothwendigkeit auf etwas hinweist, was erscheint, das Verhältnifs des Dinges an sich zur Erscheinung nur ein causales sein kann. Wenn irgend etwas, so ist das Ding an sich causal. Und wenn wir nun fragen, was denn eigentlich die Erschei-

---

[1]) Schopenhauer, der diese tiefsinnige Lehre mit Begeisterung in seine Philosophie aufgenommen, hat damit unter den Grundbegriffen derselben eine unheilbare Verwirrung angestiftet. Während nämlich bei Kant das Ding an sich das Reich der freien Geister ist, wird es bei Schopenhauer zu dem einen allmächtigen Willen zum Leben: erst Raum und Zeit sind das principium individuationis. Wenn nun aber der freie Act des intelligiblen Charakters seinem Begriffe nach aufser Zeit und Raum fallen soll, so mufs sich der eine Wille schon vor dem principium individuationis individuirt haben — ein handgreiflicher Widerspruch, der auch dadurch nicht gelöst wird, dafs die intelligiblen Charaktere auf einer Stufe mit den „platonischen Ideen", den Naturkräften und den Gattungstypen, erscheinen. Denn diese ganzen platonischen Ideen, welche eine Vermittlung zwischen der Welt als Wille und der Welt als Vorstellung bilden sollen, leiden an demselben Widerspruch: sie sind offenbar Bestimmungen des einen Willens, also für ihn jedenfalls Individuationen, und doch sollen sie vor Zeit und Raum, vor dem principium individuationis sein.

[2]) Logische Untersuchungen II. p. 97 ff. Vergl. Herbart, Psychologie § 235 Anm. Werke V. p. 161 und Jacobi. Werke II. 301 ff.

[3]) Kritik der reinen Vernunft: Phaenomena und Noumena, nach der ersten Auflage. Werke II. p. 247 Anm.: „Es folgt aus dem Begriffe einer Erscheinung überhaupt, dafs ihr etwas entsprechen müsse, was an sich nicht Erscheinung ist, weil Erscheinung nichts für sich selbst und aufser unserer Vorstellung sein kann, mithin — — das Wort Erscheinung schon eine Beziehung anzeigt u. s. w." Hier versteckt sich das causale Verhältnifs zwischen Ding an sich und Erscheinung hinter dem vagen Ausdruck: „entsprechen."

nungen sind, so sind das eben die Wirkungen, in denen die Dinge an sich ihr Wesen entfalten. Wenn daher die Dinge an sich in ihren Wirkungen erscheinen, so ist mit diesem Verhältnifs die transscendertale Freiheit wohl zu vereinigen: denn es ist ein Unterschied, causal zu sein und dem Causalitätsgesetze unterworfen zu sein, und es ist deshalb möglich, dem Dinge an sich das eine Merkmal zuzuschreiben, das andre aber abzusprechen. Wir können daher keinen Widerspruch des Denkens darin finden, wenn das Ding an sich als Dasjenige definirt wird, was wohl Ursache, aber nicht Wirkung ist. Das Causalitätsgesetz ist eine Regel, nach welcher wir zu allem Geschehen die zureichenden Ursachen suchen: die Eigenschaft der Causalität dagegen ist die Fähigkeit, ein derartiger zureichender Grund zu sein: und es ist klar, dafs bei dieser Unterscheidung die beiden in dem Worte „Causalität" zusammengefafsten Bedeutungen nicht nur getrennt werden können, sondern auch getrennt werden müssen. Dem Causalitätsprincip, d. h. dem Satze vom Grunde, sind ausnahmslos alle Erscheinungen, d. h. alles Geschehen, alle Veränderung unterworfen, welshalb wir uns denn auch berechtigt halten, alles Geschehen für eine Wirkung anzusehen: die Dinge an sich dagegen, deren Wirksamkeit die Erscheinungen bilden, brauchen darum nicht selbst dem Satze vom Grunde unterworfen zu sein.

Wenn hiermit die Möglichkeit der transscendentalen Freiheit gewonnen ist, so drängt andrerseits die Metaphysik auf diesen Begriff mit Nothwendigkeit hin. Das Princip der Causalität, welches kein anderes ist, als das der Bedingtheit, kann unmöglich das letzte der Philosophie sein: ist es doch die Aufgabe aller Metaphysik, jenseits alles Bedingten das Unbedingte zu suchen. Alle Nothwendigkeit aber ist Bedingtheit[1]: daher ist die Nothwendigkeit wohl das Princip des Geschehens, aber nicht dasjenige des Seins. Und wie alle Wissenschaft, angeregt durch das Räthsel der wechselnden Erscheinungen, das ihnen zu Grunde liegende Sein erforscht, so ist die Nothwendigkeit und das Causalitätsprincip wohl der Leitfaden ihrer Forschnng, aber nicht ihr letztes Resultat. Wie wir

---

[1] Von dem in der Philosophie spukenden Begriffe der unbedingten Nothwendigkeit wird weiter unten die Rede sein.

also alles Geschehen nicht vorstellen können ohne ein Sein, das dessen Grund enthielte, so gelangen wir andererseits zur Erkenntnifs des Seins nur, indem wir am Leitfaden des Causalitätsprincips die letzten Ursachen des Geschehens suchen: daraus folgt, dafs wir kein anderes Sein kennen, als dasjenige, welches wirkt, und dafs daher der Begriff der Substanz in den der Activität übergeht. Wo wir in der Erkenntnifs der Ursachen auf eine Ursache stofsen, die nicht mehr selbst ein Geschehen, eine Veränderung, ein Zustand ist, sondern ein wirkendes Wesen, da verläfst uns das Causalitätsprincip[1]), und da hört, weil dies Princip dasjenige aller concreten Erkenntnifs ist, alle Forschung und Erklärung auf: da stehen wir vor dem Sein, „von dem wir nichts anderes wissen, als dafs es ist[2])", vor dem Gegebenen, vor dem Wirklichen. Es scheint, als habe die Sprache diesen Begriff des allem Werden zu Grunde liegenden Seins, auf welchen das Causalitätsprincip hinweist, in dem Worte „Ur–sache" vorgebildet: und wie alles menschliche Denken vom Wirklichen anhebt, so kehrt es endlich zu diesem tiefer erfafsten Wirklichen zurück. Denn metaphysisch betrachtet, ist dieser Begriff des Wirklichen der tiefere und wesenvollere, als der der Nothwendigkeit. Das Sein der Dinge ist wirklich, d. h. es ist unbedingt: ihr Wirken ist nothwendig, d. h. es ist bedingt. Da wir aber den Begriff des Seins in den der Activität haben übergehen sehen und da alle Activität bedingt ist, so leuchtet ein, wefshalb der Uebergang des Unbedingten in das Bedingte, des Wirklichen in das Nothwendige von je her das Grundproblem der Metaphysik gewesen ist[3]).

---

[1]) Nicht wir verlassen willkürlich das Causalitätsprincip. Schopenhauer möchte sich über diese Auffassung des Causalitätsprincips lustig machen, indem er meint (vierfache Wurzel p. 38), sie gebrauche dasselbe „wie einen Fiaker, den man, angekommen, wohin man gewollt, nach Hause schickt." Allein man kann aus einem Fiaker auch aussteigen, nicht weil es Einem beliebt, sondern weil der Weg nun so wird, dafs der Fiaker nicht weiter kann. Uebrigens gelangt Schopenhauer selbst mit seiner „Sempiternität der Materie" bei einer solchen Grenze des Causalitätsprincips an. Krit. d. K. Ph. p. 574.
[2]) Vergl. Schelling. Philosophie der Mythologie. Werke II 2 p. 153.
[3]) Wollten wir uns von diesem metaphysischen Standpuncte aus zu den ethischen Schwierigkeiten des Freiheitsproblems zurückwenden, so würden wir auszuführen haben, dafs der individuelle Charakter zu diesem Sein gehöre, von dem wir nur wissen, dafs und was es ist, dafs aber seine Handlungen eben als Wirkungen vollkommen bedingt seien, und würden hierin Schopenhauer beistimmen müssen, dafs nur im Esse Freiheit, alles Operari dagegen Nothwendigkeit sei.

Wenn daher die transscendentale Freiheit als die Unabhängigkeit von bedingenden Ursachen zu definiren ist, so ist sie uns unzertrennlich vom Begriffe des Seins: aber wir müssen festhalten, dafs sie eine Freiheit nicht des Geschehens und Handelns, sondern nur des Seins ist. Somit ist das Sein der Dinge dasjenige Gebiet, auf dem der Satz vom Grunde keine Anwendung mehr findet: und da dieser das einzige Vehikel unserer Erkenntnifs ist, wie wir denn auch an die Schwelle jenes Seins nur durch ihn gelangen, so ist eben dies Sein der Dinge die Region, in welche sich die menschliche Vernunft auf dem Luftballon der Speculation nicht erheben kann, ohne den Athem zu verlieren. Wendet man daher auf dieses Gebiet trotzdem den Satz vom Grunde an, so kommen wunderliche Paradoxien heraus. Das Sein ist das Unbedingte, das durch nichts Bewirkte: soll es nun doch irgendwie dem Gesetze der Causalität unterworfen werden, so bleibt nur übrig, es durch sich selbst bewirkt zu denken. So kommt der spinozistische Substanzbegriff der causa sui[1]) zu Stande. Soll aber ausgesprochen werden, dafs das Sein dem Gesetze der Causalität nicht unterworfen sei, und soll dies doch durch einen Begriff der Causalität geschehen, so bleibt nichts übrig, als dies durch das contradictorische Gegentheil der Nothwendigkeit zu thun und zu sagen, das Sein sei die absolute Zufälligkeit. In diesem Sinne spricht Schelling[2]) vom Urzufall und von der zufälligen Urthatsache, von der wir nur sagen können, dafs sie ist, nicht dafs sie nothwendig ist: als

(Grundprobleme der Ethik p. 97 u. 117). Ferner würden wir in der Erklärung der sittlichen Zurechnung uns der Herbart'ischen Lösung (Psychologie § 118 Anm. Werke V. p. 84) anschliessen müssen, dafs nur Handlungen zugerechnet werden, insofern sie Erscheinungen des Willens sind, dafs dieser selbst aber nicht wieder zugerechnet werden könne, sondern das unmittelbare Object des moralischen Urtheils sei. Wir würden darauf hinzuweisen haben, dafs jedes moralische Urtheil nur ausspricht, welchen Werth in Rücksicht auf die Idee des Guten der Charakter hat, aus dem die beurtheilte Handlung mit Nothwendigkeit hervorgegangen ist, und dafs die Annahme, es seien Jemandem in einem bestimmten Falle zwei Entscheidungen möglich gewesen, diese Möglichkeit nur für den allgemeinen Begriff der Sache nicht für den bestimmten Fall aufrecht erhalten kann. Endlich aber könnte die ethische Freiheit erst unter dem Lichte des Zweckbegriffes zur vollen Entfaltung kommen, während sie hier nur in Bezug auf die Causalität und causale Zufälligkeit untersucht werden sollte.

[1]) Daher auch in den oben (p. 12 Anm. 1) angeführten Definitionen die Bestimmung zum Sein.
[2]) Werke II, 2 p. 153 und II, 1. p. 464. Vergl. Trendelenburg. Logische Untersuchungen II. p. 195 f.

solche begreift er das Wollen. Hier erscheint die transscendentale Freiheit als Zufälligkeit. Man könnte diesen Sprachgebrauch preisgeben, wenn es sich dabei nur um Worte handelte: aber es ist geboten, jede Anwendung des Causalitätsprincips, sei es in positiver oder negativer Form, von dem Begriffe des Seins fernzuhalten, und wir sind gewohnt, das Wort Zufall immer für ein Geschehen und das Wort zufällig immer für ein Gewordenes anzuwenden, sodafs durch diesen Gebrauch des letzteren Wortes für das Sein der eigentliche Begriff beider zerstört wird. Begnügen wir uns damit, dem Causalitätsprincip in der Welt der Erscheinungen, die wir erfahren und erkennen können, seine ausnahmslose Geltung zu sichern: für sie gilt der Ausspruch Spinoza's[1]) „in rerum natura non datur contingens."

Allein alle Welt redet vom Zufall, und überall wird die zureichende Ursache vermifst: irgendwo also wird sie doch wohl fehlen müssen, und wenn wir uns dafür entschieden haben, dafs sie in der objectiven Welt nicht fehlen könne, so bleibt zunächst nichts übrig, als den Mangel, den der Begriff der absoluten Zufälligkeit ausspricht, im menschlichen Denken zu suchen und den Zufall mit dem Ausspruche zu erklären, den das Alterthum dem Hippocrates zuschreibt: ἡμῖν μὲν αὐτόματον, αἰτίᾳ δ'οὐκ αὐτόματον. Diese subjective Wendung des Zufallsbegriffs ist eine alte und beliebte. Schon die Stoiker bedienten sich derselben den Epicureern gegenüber[2]), und in neueren Schriftstellern findet sie sich unendlich häufig. So sagt Hume[3]): „Though there be not such a thing as chance in the world, our ignorance of the real cause of any event has the same influence on the understanding and begets a like species of belief or opinion", ferner Quételet[4]); „Le mot hasard sert officieusement à voiler notre ignorence", und Humboldt[5]): „Zufällig erscheint dem Menschen in der Planetenbildung, was er nicht genetisch zu erklären vermag". Besonders betont diese Bestimmung des

---

[1]) Eth. I. prop. 29.
[2]) Plut. de plac. philos. I, 29. Vergl. Aristoteles phys. II, 4: εἰσὶ δέ τινες, οἷς δοκεῖ εἶναι αἰτία μὲν ἡ τύχη, ἄδηλος δὲ ἀνθρωπίνῃ διανοίᾳ.
[3]) Philosophical essays concerning human understanding. 6.
[4]) Lettres sur la théorie des probalités p. 14.
[5]) Kosmos. 1845. I, p. 98.

Begriffs Spinoza[1]): „Res aliqua nulla alia de causa contingens dicitur nisi respectu defectus nostrae cognitionis." Er setzt diese Bestimmung in genaue Verbindung mit seiner Erkenntnifstheorie, wonach aller Irrthum, zu dem folglich auch der Zufall gehört, auf den inadäquaten Ideen, auf Meinung und Einbildung, beruht: denn nur in ihnen erscheinen die Dinge als zufällig, weil jedes Ding nur aus dem ganzen Zusammenhang der Natur zu begreifen ist und wir diesen nicht umfassen können: die Vernunft dagegen, welche die Dinge unter dem Lichte der Ewigkeit[2]) betrachtet, sieht sie als nothwendig und nicht als zufällig an[3]). Jedoch meint Spinoza hiermit offenbar nur ein abstractes Postulat des Denkens: denn die concrete Erkenntnifs ist eben nicht im Besitz des gesammten Naturzusammenhangs, dessen Begriff die Vernunft fordert.

Es ist nicht zu leugnen, dafs diese Bedeutung unseres Begriffs eine sehr häufige, dafs in vielen Fällen die Anwendung des Wortes „Zufall" ein testimonium paupertatis ist, das der Geist sich selbst ausstellt, indem er dadurch eingesteht, die bedingenden Ursachen einer Thatsache nicht zu kennen: danach tritt der Zufall als Grenzbegriff der menschlichen Erkenntnifs auf und ist als solcher für jeden denkenden Geist und für die Wissenschaft ein Sporn zu neuer Forschung, indem er immer in die unentdeckten und unbereisten Regionen des Wissens zeigt[4]). So kann denn die mehr oder

---

[1]) Ethik. I. prop. 33 schol. 1. Vergl. zum Folgenden: II. prop. 41, II. prop.. 31 coroll., II. prop. 44 mit coroll. 2.
[2]) Vergl. hiermit Hegel (Werke VII, 1. p. 26): „Die Philosophie ist zeitloses Begreifen, auch der Zeit und aller Dinge überhaupt, nach ihrer ewigen Bestimmung" und dem entsprechend (XIII. p. 50): „die Zufälligkeit mufs man mii dem Eintritt in die Philosophie aufgeben."
[3]) Gelegentlich Spinoza's sei hier eine Beziehung erwähnt, in der der Zufall zum Wunder steht. Beide stehen im Gegensatz zur Naturnothwendigkeit: jener als blofse Negation, als contradictorisches Gegentheil, dieses als reale Aufhebung, als conträres Gegentheil. In dieser Rücksicht werden sie nun vollkommen parallelisirt werden müssen, wenn die Naturnothwendigkeit als absolut einziges Princip alles Geschehens gedacht wird. Das ist bei Spinoza der Fall, und daher finden wir bei ihm (tract. theol.-polit. VI, 13) die der des Zufalls ganz parallele Definition: nomen miraculi non nisi respective ad hominum opiniones posse intelligi et nihil aliud significare quam opus, cuius causam naturalem exemplo alterius vei solitae explicare non possumus.
[4]) Vergl. Trendelenburg, log. Unters. II. p. 194: „das Zufällige ist in der Wissenschaft immer nur ein Uebergang und der Impuls zu einer weiteren Forschung."

minder häufige Anwendung des Wortes „Zufall" gewissermaßen als ein Kriterium für die Bildung angesehen werden, und in dieser Rücksicht wäre der ein wahrhaft Weiser, für den es auch in concreter Erkenntnifs keinen Zufall gäbe. Auch der Bildungsgang des Einzelnen streift die Zufälligkeit in der Betrachtung der Thatsachen mehr und mehr ab, und lehrt von Stufe zu Stufe tiefer ihren Zusammenhang zu erfassen. Die Nothwendigkeit ist der Pol, in dessen Richtung sich die Nadel des Geistes einstellen mufs, wenn sie zur Ruhe kommen soll.

Dennoch müssen wir bekennen, dafs, so einfach und einleuchtend diese subjective Bestimmung des Zufallsbegriffs ist, ebenso dürftig doch auch ihr Werth für unsere Erkenntnifs ist, und dafs die so beliebte Recursion auf die menschliche Unwissenheit auf diesem Standpuncte uns noch etwas verfrüht erscheint. Jene Alternative, das den Zufall charakterisirende Fehlen der bedingenden Ursache entweder in der objectiven Welt des Geschehens oder in der menschlichen Erkenntnifs zu suchen, bezieht sich, wie alle uns bisher bekannt gewordenen Definitionen unseres Begriffs, auf die absolute Zufälligkeit einer Thatsache, der dadurch die Abhängigkeit von bedingenden Ursachen abgesprochen werden sollte. Nun liegt aber noch die Möglichkeit vor, den Zufall als einen Beziehungsbegriff aufzufassen, und anzunehmen, dafs er eine Negation des Causalitätsprincips nicht für das Geschehen einer einzelnen Thatsache, sondern für das Verhältnifs zweier bestimmter Thatsachen enthalte. Jene erste Alternative wäre nämlich vollkommen stringent, wenn wir alles Geschehen als eine einfache Kette betrachten dürften, in der sich mit Nothwendigkeit Glied an Glied reihte. Dem ist aber nicht so: vielmehr laufen unendlich viele solcher Fäden neben einander her, berühren sich, kreuzen sich, verschlingen sich und bilden so jenes wunderbare Gewebe, das wir unter dem Namen des Weltlaufs verstehen. Die Puncte nun, in denen diese Fäden sich treffen und die stets Ausgangspuncte neuer Fäden sind, zeigen uns jedesmal zwei Thatsachen, die in Zeit und Raum zusammenfallen, ohne mit einander in Verhältnisse von Ursache und Wirkung zu stehen. Diese räumlich-zeitliche Coincidenz von Thatsachen, zwischen denen kein Verhältnifs der Causalität Statt findet, meinen wir mit dem Begriffe des relativen Zufalls. Schopenhauer[1]), der hauptsächlich diese Bestimmung des Begriffs hervorgehoben hat, weist mit Recht darauf hin, dafs die Ethymologie der Worte συμβεβηκώς, σύμπτωμα, contingens, accidens[2]), Zufall mit dieser Fassung des Begriffs vollkommen übereinstimmt: auch τυγχάνειν, das Verbum von τύχη, bedeutet ursprünglich treffen, und das deutsche: „es trifft sich", sowie der griechische Gebrauch von τυγχάνειν mit dem Participium gehen von derselben Anschauung aus. Danach enthält also der Begriff keine Negation des Causalitätsprincips, sondern spricht nur aus, dafs dies Princip für das Verhältnifs zweier auf einander folgenden Thatsachen keine Anwendung findet, dafs, wie Schopenhauer es ausdrückt, zwei Thatsachen auf einander folgen, ohne aus einander zu erfolgen. Jedes einzelne dieser zusammentreffenden Ereignisse wird dabei als vollständig bedingt angesehen, und nur ihr Zusammentreffen macht die Zufälligkeit aus. Daher sagt Schopenhauer[3]): „Jede Begebenheit in der wirklichen Welt ist allemal nothwendig und zufällig zugleich: nothwendig in Bezug auf das Eine, das ihre Ursache ist, zufällig in Bezug auf alles Uebrige", und ähnlich Rosenkranz[4]): „das Zufällige ist zweideutig: einerseits ist es nach der Nothwendigkeit seiner empirischen Vermittlung vollkommen bedingt, andererseits ist es, weil diese Vermittlung auch hätte fehlen oder eine ganz andere hätte sein können, grundlos." Diese Zweideutigkeit beruht dann eben in der durch den Begriff ausgesprochenen Relativität: zufällig ist ein Ereignifs nicht für sich, sondern für ein anderes, mit dem es zusammentrifft.

Diese Bestimmung des Begriffs bedarf zunächst einer Beschränkung. Niemand wird z. B. das Aufeinanderfolgen von Tag und Nacht für einen Zufall ansehen, obwohl doch zwischen beiden kein Causalitätsverhältnifs Statt findet und nur der eine auf die andere folgt, ohne aus ihr zu erfolgen: der Grund davon liegt darin, dafs beide Ereignisse eine gemeinschaftliche Ursache haben, aus der sie mit gleicher Noth-

---

[1]) Kritik der Kantischen Philosophie in Welt als Wille und Vorstellung. I. p. 550. Vergl. Vierfache Wurzel etc. § 23 p. 88.
[2]) Von cadentia will man auch das englische chance ableiten: s. Webster, Dictionary. s. v. chance.
[3]) Kritik der Kantischen Philosophie. p. 550.
[4]) Wissenschaft der logischen Idee. I. p. 439.

wendigkeit erfolgen, sodafs sie stets vereinigt auftreten müssen.
Nur wo zwei Thatsachen zusammentreffen, die von zwei nicht
nothwendig mit einander verknüpften, verschiedenen Ursachen
herrühren, erkennen wir die Zufälligkeit des Zusammentreffens
an; und so können wir diesen Begriff dahin bestimmen, dafs
wir Zufall jede Coincidenz von Thatsachen nennen, die weder
mit einander im Verhältnifs von Ursache und Wirkung stehen
noch von einer gemeinschaftlichen Ursache abhängen, also
nicht nothwendig mit einander verbunden sind. Da nun dieses
Zusammentreffen den Verlauf jedes der beiden coincidirenden
Ereignisse nothwendig alteriren mufs, so wirkt der Zufall
jedesmal gewissermafsen störend in den Verlauf der Thatsachen ein, in welche er von aufsen hereinbricht. Für jedes
einzelne Ereignifs nämlich ist jedes hinzutretende andere etwas Fremdes, Unverwandtes, Aeufserliches[1]), etwas, das daher
mit der Erkenntnifs jener ersten Thatsache nicht voraus-
gesehen werden kann. Daher ist der Zufall das Ueber-
raschende, das Unerwartete, das Unberechenbare. Als solches fafst ihn die Jurisprudenz auf, wenn sie den Grundsatz
aufstellt: casus a nullo praestantur[2]): indem er die Bedingungen stört, stört der Zufall auch die Rechtsverhältnisse.

Dies ist nun auch diejenige Vorstellung des auf die
Causalität bezogenen Zufalls, die im Leben recht eigentlich
die gebräuchliche ist. Hier wird der Zufall als ein Stören-
fried betrachtet, der plötzlich und unerwartet in den ruhigen
Gang der Ereignisse hereinbricht und dadurch Alles verwirrt
und über den Haufen wirft. Auf diese Weise erscheint er
als das Neckische, die Erwartung Täuschende, und da er als
ein von aufsen Eintretendes immer in gewissem Contrast zu
demjenigen steht, an das er herangebracht wird, so geht er
sehr leicht in das Komische über. Sehr fein bemerkt z. B.
Schopenhauer,[3]) dafs die komische Wirkung des Wortspiels
hauptsächlich darauf beruht, dafs uns eine zufällig durch die
Sprache vermittelte Coincidenz zweier verschiedenen Dinge,
die mit einander nichts als den Namen gemein haben, plötz-

---

[1]) Vergl. K. Fischer. Logik und Metaphysik. 2. Aufl. p. 387.
[2]) Welcher Satz selbstverständlich da eine Einschränkung findet, wo durch
die Schuld eines Menschen die Möglichkeit des Zufalls überhaupt erst herbeigeführt oder, obwohl er es vermochte und sollte, nicht verhütet worden ist.
[3]) Welt als Wille und Vorstellung I., p. 72 f.

lich und unerwartet zum Bewufstsein gebracht wird. Daher ist auch der Zufall, sofern er in dem Lauf der Ereignisse Verwirrung anstiftet, der eigentliche Heerd der komischen Verwickelungen im Lustspiel.[1]) Doch wird mit Recht hervorgehoben,[2]) dafs diese Bedeutung immer nur eine untergeordnete sein darf, so lange sich das Lustspiel auf dem Boden der realen Welt bewegt, weil wir in dieser die nothwendige Verknüpfung sehen wollen; nur wo das Lustspiel, wie einige Shakepeare'sche, in das Phantastische übergeht, darf der Zufall die Rolle eines unumschränkten Herschers spielen.[3]) Denn das Phantastische hat das Vorrecht, an die causale Verknüpfung nicht gebunden zu sein und in regellosem Spiel die Ereignisse bunt durch einander zu würfeln; es hat dasselbe Recht wie der Traum, der auch unberechenbar bald hier bald dort hingreifend, in wunderlichen Verknüpfungen die Bilder des Innern uns vorführt. Daher ist es bedeutsam, dafs Shakepeare's phantastisches Meisterstück, in welchem der Zufall die ergetzlichsten Combinationen schafft, den Titel des Sommernachts„traums" führt. So sei es gestattet, noch eine Verwandschaft des Traums zu erwähnen, die durch das Zufällige vermittelt ist: das Märchen. Auch im Märchen sind die Ereignisse nicht, wie in der realen Welt, in nothwendiger ursächlicher Verknüpfung, sie reihen sich vielmehr in lockerer Aeufserlichkeit an einander, wie denn auch der Dichter sie nur durch das träumerische Spiel seiner Phantasie combinirte. Auf diese Weise erklärt sich der wunderbare Ausspruch des Novalis: „Alles Poetische ist märchenhaft; der Dichter betet den Zufall an."

Aber kehren wir zurück in die reale Welt, und wir werden finden, dafs mit dem Zufall nicht immer zu spafsen und zu träumen ist. Er führt uns die wechselnden Erscheinungen zu, ohne dafs dieselben in dem inneren Gang unseres Daseins begründet wären, und nun an uns herangebracht, beginnen sie auf uns ihre unwiderstehliche Wirksamkeit, den Verlauf unseres Innern an so mancher Stelle hemmend, störend, verderbend. Hier zeigt der Zufall die tragische

---

[1]) Vergl. Bohtz, Ueber das Komische und die Komödie, p. 185.
[2]) ibid. p. 244.
[3]) ibid. p. 138.

Seite seines Janushauptes, hier erweist er sich als die gewaltige Macht des Aeufseren, die von unserer Innerlichkeit ihr gebieterisches Recht fordert: hier gilt es, ihm gegenüber die siegreiche Macht des Charakters geltend zu machen, der, unbeirrt durch die ihm unverwandten Zufälligkeiten, den ihm in seinem Innern vorgeschriebenen Weg durch das Leben geht Dies Verhältnifs zwischen Zufall und Charakterbildung hat Göthe im Wilhelm Meister dargestellt, und hier ist es auch,[1]) wo er dem Dichter das Recht wahrt, im Roman den Zufall spielen zu lassen, „aber so, dafs er immer durch die Gesinnungen der Personen gelenkt und geleitet werden müsse."

## II. Zufall und Gesetz.

Indem wir von der Definition des Zufalls als des contradictorischen Gegentheils der Nothwendigkeit ausgingen, betrachteten wir ihn als die Negation der causalen Nothwendigkeit, als das Ursachlose. In dieser Form mufste ihm jegliche Giltigkeit für die objective Welt des Geschehens abgesprochen und durfte er höchstens als subjektiver Grenzbegriff zugelassen werden. Dagegen bot sich uns die namentlich dem Sprachgebrauch des Lebens angemessene relative Fassung des Begriffs dar, wonach derselbe die räumlich-zeitliche Verknüpfung zweier Thatsachen bei mangelnder causaler Verknüpfung derselben bedeutet, und welche dadurch in den Begriff des Aeufserlichen, Störenden übergeht. Ehe wir in die tieferen Schwierigkeiten dieser Vorstellung eingehen, müssen wir eine wichtige Beziehung erörtern, in welche gerade dieser Begriff des Zufalls mit den Principien der wissenschaftlichen Forschung tritt.

Der entwickelte Begriff der relativen Zufälligkeit sagt nämlich aus, dafs die Verknüpfung zweier factisch verbundenen Thatsachen keine nothwendige sei. Nothwendig aber nennen wir diejenige Verknüpfung, vermöge deren jedesmal, wenn die eine Thatsache auftritt, auch die andere mit ihr

---

[1]) Lehrjahre, 5 Buch, 7. Cap.

verbunden sein mufs. Hier dagegen haben wir es mit einer Verknüpfung zu thun, die nur dies eine Mal factisch eingetreten ist. Wir wissen, dafs hundertmal die eine Thatsache ohne die andere und die andere ohne die eine aufgetreten ist und dafs sie nur diesmal durch eine räumlich-zeitliche Coincidenz mit einander verbunden worden sind. Mit Recht ist daher der Zufall „das vereinzelte Factum" genannt worden.[1]) Nun nennen wir diejenige Verknüpfung, vermöge deren beim Eintreten einer Thatsache nothwendig und in allen Fällen auch die andere eintritt, ein Gesetz; und daher charakterisirt sich der Zufall, den wir als das Ursachlose haben verwerfen müssen, als das Gesetzlose. Aus diesem Grunde leitet Buckle[2]) die Vorstellung der Zufälligkeit aus dem nomadischen Leben der Völker ab, in dem es nichts Festes, Geregeltes, nichts bei constanten Bedingungen constant Wiederkehrendes gab, das die Denkthätigkeit auf eine stets eintretende und nothwendige Verknüpfung von Vorgängen hätte hinweisen können, während mit der Niederlassung zum Ackerbau zum ersten Mal eine constante Thätigkeit mit constanten Wirkungen und damit die Gewifsheit des nothwendigen Erfolges eintrat, so dafs „im Geiste eine schwache Vorstellung von dem heraufdämmerte, was eine spätere Zeit die Gesetze der Natur nennt." So betrachten wir z. B. den Traum als den zufälligen Procefs des Seelenlebens, indem er Vorstellungen an einander knüpft, die nicht nothwendig und gesetzmäfsig mit einander verbunden sind; und damit ist klar, wie schwer in psychischer Beziehung die Grenze zwischen Traum und Wachen zu ziehen ist, da gar häufig auch in Zuständen, die wir wache zu nennen pflegen, unsere Vorstellungen sich in gesetzloser Reihenfolge an einander reihen.

Mit dem Begriff des Gesetzes stehen wir vor dem Princip der Wissenschaft, welche gerade darin ihre Hauptaufgabe findet, die Gesetze des Geschehens aufzusuchen und die Gesetzmäfsigkeit in der Verknüpfung der Thatsachen nachzuweisen. Defshalb allerdings schliefst sich der Zufall durch seinen Begriff von der Wissenschaft aus[3]). Allein das ist

---

[1]) K. Fischer, Logik und Metaphysik, §. 134, 2. p. 387.
[2]) Geschichte der Civilisation in England. Deutsch von Ruge. 1., p. 7 f.
[3]) Vergl. Aristoteles, metaph. ed Brandis, V. p. 124: περὶ τοῦ κατὰ συμβεβηκὸς λεκτέον, ὅτι οὐδεμία ἐστὶ περὶ αὐτὸ θεωρία.

eben das Schlimme, und defshalb spielt er für die wissen
schaftliche Forschung eine so grofse Rolle, dafs er sich nich
von selbst ausschliefst, sondern erst durch die aufmerksamst
und sorgfältigste Forschung ausgeschlossen werden muſs
Denn er bringt in seiner Gesetzlosigkeit ebensogut ein
factische Verknüpfung von Thatsachen hervor als das Gesetz
und so wenig wir geneigt sind, den Begriff der Causalitä
überhaupt, wie D. Hume, als einen aus der Erfahrung durcl
lange Gewohnheit abstrahirten anzusehen, so müssen wi
doch anerkennen, dafs jede Anwendung des Causalitätsprincip
auf die Zusammengehörigkeit zweier Erscheinungen nur durcl
die Erfahrung zu Stande kommt; auch die Wissenschaf
schliefst aus der factischen Verbindung auf die Nothwendig
keit derselben. Das gewöhnliche Bewustsein läfst sich häufi
genug durch flüchtige und gesetzlose Coincidenzen täusche
und dazu verleiten, dieselben für nothwendig zu halten, un
so wird z. B. der Glaube an die omina entstanden sein
Aber auch die wissenschaftliche Forschung kann der Zufal
verleiten, von der Facticität einer Verknüpfung unberechtig
auf deren Nothwendigkeit zu schliefsen, und defshalb muſ
er der Erbfeind aller Wissenschaft genannt werden; ihn ha
sie zu erkennen, in welcher Gestalt er auch erscheinen möge
ihn hat sie als das vereinzelte Factum, als die nicht noth
wendige Coincidenz nachzuweisen und so aus ihrer Berechnun
und Betrachtung zu eliminiren. Hier liegt auch der wahr
Grund, wefshalb wir den Zufall das Unberechenbare nenne
durften. Jedes Gesetz giebt die Möglichkeit an die Hand
für den Eintritt gewisser Bedingungen das Eintreten eine
Factums mit vollkommener Sicherheit und Gewifsheit z
erwarten und vorauszusagen; und eben weil der Zufall da
Gesetzlose ist, haben wir kein Mittel ihn zu berechnen ode
vorauszubestimmen.

Von der Gewifsheit der Erwartung und Vorausbestimmun
welche uns die Gesetzmäfsigkeit des Geschehens an die Han
giebt, können wir ausgehen, um uns eine Uebersicht übe
diejenigen Methoden zu verschaffen, mit denen die Wissen
schaft sich vom Zufall frei zu machen sucht. Die Sicherhei
des Urtheils nämlich, welche den Charakter der Wissenschaf
gegenüber der schwankenden Meinung ausmacht, ist ein
doppelte; es ist einmal diejenige Sicherheit, mit der aus de

schon vorhandenen Erkenntnifs eines Gesetzes der Eintritt einer Erscheinung vorhergesagt wird, und zweitens diejenige, mit welcher aus der factischen Verknüpftheit zweier Erscheinungen auf ein nothwendiges causales Verhältnifs zwischen denselben geschlossen wird; es ist die Sicherheit der Anwendung der Gesetze und die Gewifsheit ihrer Begründung. Für beide Fälle müssen wir die Ausschliefsung des Zufalls in Betracht ziehen.

Zu diesem Zwecke ist zunächst eine Zweideutigkeit zu entfernen, die aus dem aufgestellten Begriffe des relativen Zufalls hervorgehen könnte. Es wurde darauf hingewiesen, dafs jede Thatsache nur in Bezug auf eine andere zufällig genannt werden dürfe, mit der sie zusammentrifft. Dies Zusammentreffen nun ist aber wieder eine Thatsache, und dieser wurde durch jenen Begriff die Nothwendigkeit abgesprochen; es sei somit schon hier bemerkt, dafs wir durch diese Fassung des Begriffs die Zufälligkeit eigentlich nur von den einzelnen Wirkungen in ihre Verknüpfung oder, was dasselbe sagen will, in die Verknüpfung ihrer Ursachen verlegt haben. Daher sagt Mill:[1] „Zufällig verbundene Thatsachen sind einzeln die Wirkungen von Ursachen und daher von Gesetzen, aber von verschiedenen Ursachen und von Ursachen, die durch kein Gesetz mit einander verbunden sind." Nun sind aber alle Thatsachen des Weltlaufs zusammengesetzte, es giebt für unsere Beobachtung keine einfache Wirkung; vielmehr ist jede Wirkung die Resultante aus einer Summe von Bedingungen, die, wie Mill[2] näher nachgewiesen hat, abwechselnd als die Ursache jener Wirkung betrachtet werden können, die aber nicht nothwendig mit einander verbunden sein müssen und deren Zusammenwirken daher als zufällig zu betrachten ist. In diesem Sinne kann jede einzelne Thatsache für zufällig erklärt werden. Es giebt daher keine Wirkung, in der sich ein einzelnes Gesetz rein darstellte; immer modificiren die hinzugetretenen Bedingungen die Gestalt der Wirkung. Diese Modificationen nennen wir

---

[1] System der deductiven und inductiven Logik. Deutsch von Schiel. Zweite Auflage, II, p. 55.
[2] ibid. I. p. 390.

die Fälle des Gesetzes[1]), und es leuchtet ein, dafs diese einzelnen Fälle, insofern sie Fälle des Gesetzes sind, nothwendig bedingt sind, insofern sie aber einzelne Fälle sind, in Rücksicht auf jenes Gesetz zufällig zu nennen sind.[2]) Die specifische Eigenthümlichkeit jedes einzelnen Falles ist im Gesetz nicht enthalten. Sie ist nicht immer unberechenbar. Denn in vielen Fällen kann sich die Erkenntnifs im Besitz sämmtlicher Bedingungen befinden, und dann wird bei gleichzeitiger Erkenntnifs sämmtlicher Gesetze die Vorausbestimmung eine vollkommene sein. Andererseits aber wird es sehr viele Fälle geben, bei denen wir nur einen Theil der Bedingungen und Gesetze kennen, unter denen sie eintreten, und bei denen daher auch unsere Vorausbestimmung nur eine partielle und beschränkte sein kann. Während dann für die reale Vermittlung des erwarteten Ereignisses in der That nur eine durch die ganze Summe der Bedingungen bestimmte Möglichkeit vorhanden ist, wird es für die Vorausbestimmung unserer nur auf einen Theil der Bedingungen beschränkten Erkenntnifs eine Anzahl gleich möglicher Fälle geben, von denen wir nicht wissen, welcher eintreten wird, wohl aber, dafs einer von ihnen eintreten mufs.[3]) Wirft man z. B. einen Würfel auf den Tisch, so weifs man, dafs die Bewegungen, welche er machen wird, unter dem gemeinschaftlichen Einflusse der ihm ursprünglich mitgetheilten Wurfkraft, der Schwere, der Friction und der Elasticität vor sich gehen, und dafs der Würfel erst zur Ruhe kommen kann, wenn, nachdem Gravitation und Friction die beiden andern Kräfte überwunden haben, sein Schwerpunkt die tiefstmögliche Lage angenommen hat. Dies ist jedoch bei der Gestalt des Würfels in sechs Lagen gleich möglich (falls die Massenvertheilung in ihm eine gleichmäfsige ist), und nun kennen wir nicht die Combinationen, in denen vermöge der anfänglich mitgetheilten Richtung der Wurfkraft jene Kräfte auf den Körper wirken. Während daher unter den gegebenen Umständen jedes einzelnen Wurfes, wozu auch die ursprüngliche Richtung der

---

[1]) Hierauf könnte man die Ethymologie des lateinischen casus zurückführen, von welchem man übrigens das französisch-englische hasard, das italienische azzardo ableitet, s. Webster, Dictionary, s. v. hasard.
[2]) Vergl. Trendelenburg, Logische Untersuchungen, II, p. 192.
[3]) Vergl. Laplace, Essai philosophique sur la probalité, p. 4.

Wurfkraft gehört, in der That nur eine schliefsliche Ruhelage des Würfels möglich ist, müssen wir aus Unkenntnifs dieser Bedingungen alle sechs Lagen für gleich möglich halten und können das Ereignifs in seiner vollen Bestimmtheit nicht voraussagen, sondern wir wissen nur, dafs der Würfel stets auf einer seiner sechs Begrenzungsflächen liegend in Ruhe bleiben mufs. Man unterscheidet daher in einer Gruppe von Ereignissen constante Bedingungen, die bei jedem einzelnen erfüllt sein müssen, wie also hier die Gestalt, Schwere und Elasticität des Würfels, und variable Bedingungen, Nebenbedingungen, die innerhalb jener Hauptbedingungen sehr verschieden sein können, wie hier die Richtungsverhältnisse, in denen die wirkenden Kräfte sich verbinden; und nur wenn sie alle Bedingungen kennt, kann die Wissenschaft das erwartete Ereignifs ganz vorausbestimmen.

So können wir mit aller Kenntnifs der Gesetze dem Zufall nicht entgehen, der eben in dem Eintritt unberechenbarer Nebenbedingungen besteht. Hier tritt in eminenter Weise die rein relative Bedeutung dieses Begriffs hervor; zufällig ist nur die besondere Bestimmtheit jedes einzelnen Falles in Rücksicht auf das Gesetz, unter welchem er steht. An die Stelle der sichern Voraussagung tritt daher Rücksichts der individuellen Bestimmtheit des zu erwartenden Ereignisses unter diesen Umständen eine völlige Unsicherheit und Unwissenheit.

Allein die Sache kann günstiger gewendet werden. In jenem Beispiel dachten wir vielleicht die Seiten des Würfels durch Ziffern unterschieden; jetzt mag der Unterschied durch die Farbe bestimmt sein, und zwar mögen drei Seiten weifs und von den andern je eine gelb, roth und blau sein. Wenn es uns nun blofs auf die Farbe ankommt, die oben liegen wird, so sind von den sechs Möglichkeiten drei in dieser Rücksicht gleich, weil drei weifse Seiten vorhanden sind. Daher sagen wir, dafs die eine Möglichkeit, von der wir wissen, dafs sie mehrere Fälle für sich hat, gröfser sei als jede der übrigen, und nennen sie die wahrscheinlichere. Demnach ist die Wahrscheinlichkeit eine rein willkürliche Bestimmung; aus der Summe der gleich möglichen Fälle werden gewisse herausgesucht, die ein gemeinschaftliches Merkmal (weifs) haben, und diese werden nun als gleich angesehen, da unsere Erwartung sich nur auf dies gemeinschaftliche Merkmal beziehen will. Damit ist klar, dafs, was wir an Wahrscheinlichkeit gewinnen, wir an individueller Bestimmtheit preisgeben; denn jene drei günstigen Fälle haben ihre Verschiedenheit an sich nicht verloren, wir nur vernachlässigen dieselbe, da uns in diesem Falle nur ihr gemeinschaftliches Merkmal interessirt. Ferner ist diese Wahrscheinlichkeit nur dann zu bestimmen, wenn innerhalb der gegebenen constanten Bedingungen schon ein numerisch bestimmtes Eintheilungsprincip sämmtlicher möglichen Fälle gegeben ist, ja diese Wahrscheinlichkeit ist selbst nichts Anderes, als der Ausdruck jener numerischen Bestimmtheit. Daher verstehen wir unter der wissenschaftlichen Wahrscheinlichkeit eines Ereignisses das Verhältnifs der für dasselbe günstigen zu der Anzahl der überhaupt möglichen Fälle. Es ist endlich ersichtlich, dafs diese Wahrscheinlichkeit eigentlich keine Eigenschaft des erwarteten Ereignisses, sondern nur ein Verhältnifs ist, nach welchem wir die Stärke unserer Erwartung desselben bestimmen. Daher sagt Mill:[1] Die Wahrscheinlichkeit ist nicht eine Eigenschaft des Ereignisses selbst, sondern ein blofser Name für die Stärke des Grundes, wonach wir dasselbe erwarten."

Wenn sich nun auf diesen Begriff die gesammte mathematische Wahrscheinlichkeitsrechnung basirt, so können wir daraus die Bedeutung und die Grenzen dieser Wissenschaft bestimmen. Ist die Wahrscheinlichkeit nur ein numerisches Verhältnifs von Möglichkeiten, so werden alle Bestimmungen der Wahrscheinlichkeitsrechnung auch nur für die Möglichkeit und nicht für die Wirklichkeit Geltung haben; ist die Wahrscheinlichkeit keine Eigenschaft der Facta, sondern ein Grad der Stärke unserer Erwartung derselben, so werden alle Gesetze der Wahrscheinlichkeitsrechnung nicht Gesetze der Thatsachen, sondern nur Gesetze für unsere Erwartung derselben sein. Dies unterscheidet sie von den Naturgesetzen. Diese bilden für uns eine Regel, nach denen wir Erscheinungen mit Sicherheit voraussagen, weil sie die Regel sind, nach welcher jede einzelne Erscheinung selbst sich vollziehen

---

[1] Mill a. a. O. II. p. 67.

muſs; jene geben uns kein Wissen, sondern nur ein Erwarten und Hoffen an die Hand, weil sie nur numerische Verhältnisse sind, in denen die verschiedenen Möglichkeiten stehen. Daher hat die Wahrscheinlichkeitsrechnung für den einzelnen Fall ihrem Begriffe nach ganz und gar keine Bedeutung; Zähler und Nenner des die Wahrscheinlichkeit ausdrückenden Bruches bedeuten Summen von Möglichkeiten, die in Rücksicht auf den einzelnen Fall nur Denkmöglichkeiten sind und nirgend anders, als in unserer Erwartung existiren. Für den einzelnen Fall ist nur eine Möglichkeit real, diejenige, die wirklich wird, und für diese eine hat also das sonstige Verhältniſs der Möglichkeiten gar keinen Werth. Man pflegt zwar im Leben häufig genug von der Wahrscheinlichkeit eines einzelnen Ereignisses zu sprechen und dieselbe in dem Wahrscheinlichkeitsbruch auszudrücken, aber es ist das für den einzelnen Fall eine ganz unberechtigte Annahme und, wie Fries sehr richtig bemerkt, „eine Verwechselung unserer allgemeinen Begriffe mit dem einzelnen wirklichen."[1]) Denn wenn ein Würfel fünf weiſse und eine schwarze Seite hat, so ist für einen einzelnen Wurf nur eine Möglichkeit vorhanden, die wir nur nicht kennen, und es ist ganz und gar kein Grund vorhanden, für diesen einzelnen Wurf anzunehmen, daſs eher eine von den fünf Möglichkeiten, als die sechste eintritt. Deſshalb ist die Erwartung, welche sich für den einzelnen Fall auf das noch so günstige Verhältniſs der Möglichkeiten stützt, immer ein gewagtes und unsichres Spiel, das jeder wissenschaftlichen, exacten Begründung entbehrt. Den Zufall, den unberechenbaren einzelnen Fall, vorauszusagen, ist der Wissenschaft auch nicht mit annähernder Wahrscheinlichkeit möglich, während der Gebrauch des Lebens sich eine solche annähernde Wahrscheinlichkeit gestattet: deſshalb scheint es eine zum mindesten paradoxe Ausdrucksweise zu sein, wenn man, wie z. B. Mill und Rosenkranz, die Wahrscheinlichkeitsrechnung „die Berechnung des Zufalls" genannt hat. Der Zufall, als die einzelne Thatsache, ist seinem Begriff nach das Unberechenbare, und was in der Wahrscheinlichkeitsrechnung berechnet wird, sind nicht die Zufälle, son-

---

[1]) Fries. Versuch einer Kritik der Principien der Wahrscheinlichkeitsrechnung, p. 23.

dern vielmehr die constanten Verhältnisse, innerhalb deren der Zufall eintreten kann. Daher sagt Fries[1]): „Die Bestimmungen der Wahrscheinlichkeitsrechnung enthalten nicht das unsichere Spiel der Ereignisse, sondern nur die festen Verhältnisse, unter denen das unsichere Spiel steht." Ueberlassen wir es daher dem Leben, die einzelnen Ereignisse mehr oder minder stark zu erwarten und aus dem mathematischen Möglichkeitsverhältnifs sich auch für den einzelnen Fall Hoffnungen oder Befürchtungen zu bilden: die Wissenschaft mufs eingestehen, dafs ihr die Zufälligkeit der einzelnen Ereignisse unbezwingbar ist und dafs sie für den einzelnen Fall auch von den Principien der Wahrscheinlichkeit verlassen ist. Somit liefert die mathematische Wahrscheinlichkeitsrechnung von dieser Seite keine Erweiterung der menschlichen Erkenntnifs, und sie ist nur der numerisch klare Ausdruck dessen, was schon vorher bekannt war, nämlich der constanten Verhältnisse, unter denen eine Gruppe von Erscheinungen steht. Die variablen Ursachen entziehen sich und damit auch ihre Wirkungen, die einzelnen Fälle, aller Berechnung.

Allein diese Wissenschaft hat eine ganz andere Bedeutung. Allerdings kann uns die Berechnung der Möglichkeitsverhältnisse nichts helfen, so lange diese Verhältnisse sich in der Wirklichkeit nicht geltend machen. Das ist eben bei dem einzelnen Falle unmöglich: anders aber verhält sich die Sache bei einer Summe von Fällen. Je öfter man die constanten Bedingungen in Wirksamkeit treten läfst, desto mehr giebt man allen in denselben enthaltenen Möglichkeiten Gelegenheit, sich zu realisiren: und es liegt im Begriffe der gleich möglichen Fälle[2]), dafs bei einer genügend grofsen Anzahl von Fällen jeder Möglichkeit eine gleiche Menge von Gelegenheiten zu ihrer Realisirung geboten wird. Wenn nun mehrere Möglichkeiten, weil sie das gemeinsame Merkmal der günstigen haben, als eine Möglichkeit angesehen werden, so werden die dieser Möglichkeit gebotenen Gelegenheiten der Realisirung eine Summe darstellen, in welcher die jeder

---

[1]) ibid. p. 21.
[2]) ibid. p. 71.

einzelnen Möglichkeit gebotene Anzahl von Gelegenheiten so oft enthalten ist, als jene angenommene Möglichkeit einzelne Möglichkeiten unter sich begriff. Wenn man, um das obige erste Beispiel wieder anzuwenden, fortwährend mit dem Würfel spielt, so werden, da die Möglichkeit weifs zu werfen, drei Möglichkeiten unter sich begreift, dieser Möglichkeit dreimal soviel Gelegenheiten zu ihrer Realisirung geboten, als jeder einzelnen andern Möglichkeit. So wird bei gesteigerter Menge von Fällen allmälig das numerische Verhältnifs der Wiederholungen, in denen die einzelnen Fälle auftreten, demjenigen der Möglichkeiten mehr und mehr gleichkommen, und es werden sich in der Summe von Fällen die constanten Bedingungsverhältnisse mehr und mehr als die Verhältnifszahlen der Wiederholungen geltend machen. Dieser Fundamentalsatz für alle Anwendungen der Wahrscheinlichkeitsrechnung ist aufser seiner logischen Begründung von Bernoulli, Laplace, Poisson und Lacroix unter dem Namen des „Gesetzes der grofsen Zahlen" auf dem Wege mathematischer Analysis bewiesen worden, und aufserdem hat man sich die Mühe genommen, ihn durch empirische Zählungen zu bekräftigen[1]). Dieser Satz allein macht die Wahrscheinlichkeitsrechnung fruchtbar und anwendbar: denn wenn die Wissenschaft die mathematische Hoffnung als das Product der Wahrscheinlichkeit in den für den Eintritt des Ereignisses zu erwartenden Gewinn definirt, so wäre diese mathematische Hoffnung eine sterile Fiction, wenn ihr nicht die empirische Hoffnung entspräche, dafs wenigstens in einer Summe von Fällen die Realisirung jener Wahrscheinlichkeit so gut wie sicher zu erwarten ist. Freilich ist auch diese Hoffnung nie ganz sicher: denn streng genommen, verlangt dies Gesetz der grofsen Zahlen zu seiner absoluten Giltigkeit die Fortsetzung der Fälle bis in's Unendliche, wodurch es sich freilich wieder selbst aufhebt, indem innerhalb einer unendlichen Menge von Fällen keine Verhältnifszahlen der Wiederholungen mehr denk-

---

[1]) Z. B. Quételet (vergl. lettres sur la théorie des probalités. p. 93) hat den Versuch mit 40 weifsen und 40 schwarzen Kugeln gemacht, die succesive aus einer Urne gezogen und wieder hineingelegt wurden. Vergl. besonders Wolf: „ Versuche zur Vergleichung der Erfahrungswahrscheinlichkeit mit der mathematischen Wahrscheinlichkeit. Bern. Mitth. 1849—1853" und desselben Handbuch der Mathematik, Physik u. s. w. 1. p. 65 f,

bar sind. Jedenfalls aber steigt die Berechtigtheit seiner Anwendung mit der Summe der Fälle: da jedoch die menschliche Erfahrung immer auf eine beschränkte Anzahl von Fällen angewiesen ist, so kann man nie ganz sicher sein, dafs diese Anzahl genügt, um darin die constanten Bedingungen mit einem verschwindend kleinen Fehler zur Geltung zu bringen. Nur das steht fest, dafs die Wahrscheinlichkeitsrechnung, soviel überhaupt, immer nur für eine Summe von Ereignissen giltig ist. Wenn wir sagen, die Wahrscheinlichkeit eines Ereignisses sei $\frac{1}{6}$, so ist die reale Bedeutung dieses Ausdrucks die, dafs, wenn man die Anzahl der Versuche bis zu einer genügenden Höhe steigert, man das Verhältnifs der Anzahl eingetretener günstiger Fälle zu der der Versuche überhaupt wie 1 : 6 finden wird. Daher giebt die Wahrscheinlichkeitsrechnung nicht den Charakter eines einzelnen Ereignisses, sondern die durchschnittliche Anzahl des Auftretens eines Ereignisses in einer Gruppe von Ereignissen an, die mit ihm unter gemeinschaftlichen constanten Verhältnissen stehen. Deshalb nennt Fries[1] diese Wissenschaft „die Durchschnittsrechnung für unsichere Erfolge", welche „sich mit der Auffindung mittlerer Verhältnifszahlen für die in einem Ganzen neben einander möglichen Voraussetzungen beschäftigt."

Fragen wir uns nun, welchen Werth dieser Charakter der Wahrscheinlichkeitsrechnung für die Vorausbestimmung der Ereignisse nach bekannten Gesetzen und Bedingungen hat, so ist damit die Möglichkeit gegeben, für eine Summe von Zufällen die Verhältnisse der Zahlen zu bestimmen, in denen sich die einzelnen Zufälle wiederholen werden: und auch dies nur mit einer im Verhältnifs der Gesammtanzahl von Fällen wachsenden Wahrscheinlichkeit. Die Ueberwindung des Zufalls, die damit gegeben ist, besteht somit nicht in seiner Berechnung, sondern in seiner Elimination. Berechnet werden nur die Verhältnifszahlen, nach welchen sich innerhalb genügend grofser Mengen von Versuchen die einzelnen Fälle wiederholen müssen, eben weil diese Verhältnifszahlen dieselben sind, die schon innerhalb der constanten

---

[1] Fries a. a O. Einleitung § VIII.

Bedingungen gegeben sind. Was der Wissenschaft beim Einzelnen nicht möglich war, gelingt ihr für die Gesammtverhältnisse einer Menge: der Einfluſs der variablen Ursachen, der für den einzelnen Fall entscheidend ist, hebt 'sich, eben weil diese Ursachen variabel sind, in den numerischen Verhältnissen der Gesammtheit auf.

Auf demselben Princip der groſsen Zahlen beruht nun auch die Umkehrung der Wahrscheinlichkeitsrechnung, mit deren Betrachtung wir von der Vorausbestimmung der Thatsachen durch erkannte Gesetze zu der Auffindung constanter Bedingungen aus beobachteten Thatsachen übergehen. Bisher nämlich setzten wir die constanten Bedingungen einer Gruppe von Erscheinungen und die darin enthaltene Eintheilung als bekannt voraus und entwickelten, daſs das numerische Verhältniſs dieser Eintheilung auch das durchschnittliche Zahlenverhältniſs in den Wiederholungen der einzelnen Voraussetzungen sein müsse: wenn wir nun umgekehrt dies durchschnittliche Verhältniſs der Wiederholungszahlen als bekannt voraussetzen, so schlieſst die umgekehrte Wahrscheinlichkeitsrechnung von ihnen auf die Verhältniſszahlen der constanten Bedingungen zurück. Daher wird die Wahrscheinlichkeitsrechnung in die a priori (mit Kenntniſs der constanten Bedingungen) und die a posteriori (mit Kenntniſs der empirischen Durchschnittszahlen) eingetheilt. Es fragt sich, wie weit der aposteriorische Rückschluſs zwingend und wie weit er durch die Zufälligkeit der einzelnen Beobachtungen alterirt ist. Zunächst scheint es ganz einleuchtend, daſs die durch das Gesetz der groſsen Zahlen garantirte Identität der constanten Verhältnisse mit den empirischen Durchschnittszahlen uns eben so gut zu einem Schlusse von diesen auf jene, als von jenen auf diese berechtigt; allein die Beschränkung, welche wir der Sicherheit des apriorischen Schlusses hinzufügen muſsten und welche in der begrenzten Anzahl der beobachteten Fälle ihren Grund hatte, wird bei diesem umgekehrten Schlusse noch viel fühlbarer. In der apriorischen Wahrscheinlichkeitsrechnung gab jedesmal die Erfahrung selbst durch den Grad der Uebereinstimmung ihrer Durchschnittszahlen mit den a priori bekannten Verhältniſszahlen die Probe ab, ob und in welchem Grade die Anzahl der erfahrenen Fälle genügend gewesen war: wenn wir aber in der umgekehrten Schlufsweise die Kenntnifs der constanten Bedingungen lediglich durch die Durchschnittszahlen gewinnen können, so ist kein mit Sicherheit entscheidendes Kriterium dafür vorhanden, ob die Anzahl der beobachteten Fälle wirklich genügend war. Wüfsten wir z. B. in einer Urne 100 Kugeln enthalten und sollten durch blofse Wahrscheinlichkeitsrechnung entscheiden, wieviel deren schwarz und weifs wären, so würden wir immer eine Kugel ziehen, ihre Farbe notiren, sie wieder hineinlegen, weiter ziehen u. s. f. Wenn wir dann fänden, dafs bei fortgesetzter Ziehung sich die Anzahl der gezogenen weifsen und die der gezogenen schwarzen Kugeln immer mehr der Gleichheit näherten, so würden wir schliefsen müssen, dafs sich in der Urne gleich viel, also je 50 weifse und schwarze Kugeln befänden. Allein wenn auch die mathematische Analysis nachweist[1]), dafs die Wahrscheinlichkeit, in den gefundenen Durchschnittszahlen wirklich die constanten Verhältnifszahlen gefunden zu haben, mit der Anzahl der Fälle sehr schnell wächst und sich der Gewifsheit nähert, so könnten wir doch nicht sicher dafür einstehen, ob nicht irgend eine zufällige Lagerung der Kugeln die gefundenen Durchschnittszahlen zu Stande gebracht hätte, ohne dafs dieselben mit den Verhältnifszahlen genau identisch wären. Es könnten z. B. 49 weifse und 51 schwarze Kugeln sein — ein Verhältnifs, das noch bei sehr lange fortgesetzter Beobachtung wenig andere Resultate geben würde, als das Verhältnifs 50 : 50. Wenn z. B. unter 1000 Ziehungen 495 weifse und 505 schwarze Kugeln erschienen wären, so könnten wir daraus mit gleichem Rechte beide Verhältnisse erschliefsen, und doch wäre durchschnittlich jede Kugel schon 10 mal gezogen. Also die Möglichkeit, bei solchen Bestimmungen vom Zufall geneckt zu werden, ist nie ganz ausgeschlossen. Dennoch geben uns die Beobachtungsreihen selbst, wenn wir die Durchschnittszahlen für die steigenden Summen beobachteter Fälle berechnen, einen höheren Grad von Sicherheit: die Durchschnittszahlen, welche uns eine kleine Summe von Beobachtungen ergeben, werden offenbar unter dem noch wirksamen Einflufs der variablen Ursachen stark von dem wahren Verhältnisse differiren: je gröfser aber die Anzahl wird, desto

---

[1]) Vergl. Fries a. a. O. p. 73—89.

geringer werden diese Differenzen werden, und so nähern sich diese Durchschnittszahlen einem einfachen Verhältnisse, welches wir dann mit einer an Gewifsheit grenzenden Wahrscheinlichkeit als das constante Grundverhältnifs ansehen dürfen. Die Berechtigung nun dieses Schlusses überhaupt ist keine rein mathematische und sie läuft in letzter Instanz auf die rein philosophische Annahme des Geistes hinaus, dafs ein constant Wirkliches ein Nothwendiges sei, dafs daher die beobachtete constante Annäherung an ein einfaches Verhältnifs keine zufällige, ursachlose sein könne, sondern ihren Grund in dem Vorhandensein eines constanten Grundverhältnisses haben müsse. Fries[1]) will dies „wissenschaftliche Interesse unseres Geistes" nur für die philosophischen Wahrscheinlichkeitsschlüsse in Anspruch genommen wissen: allein wir sehen auch hier in den blofsen Zahlen keine Berechtigung für den Schlufs, sondern suchen vielmehr den Schwerpunct desselben in jener bei der Vermehrung der einzelnen Fälle beobachteten Annäherung an ein einfaches Verhältnifs, deren Ursache allein darin beruhen kann, dafs innerhalb der constanten Bedingungen dies Verhältnifs gegeben ist. Erst wenn die Differenzen der Durchschnittsverhältnisse verschwindend klein werden, dürfen wir annehmen, die für die Giltigkeit des Gesetzes der grofsen Zahlen erforderliche Summe von einzelnen Fällen erreicht zu haben. Ist nun dies die wahre Natur des aposteriorischen Wahrscheinlichkeitsschlusses, so ist daraus zu schliefsen, dafs, wenn es sich um die Bestimmung constanter Verhältnisse aus der Erfahrung handelt, ebenfalls die einzelne, den zufälligen Einflüssen preisgegebene Thatsache als solche vollkommen werthlos ist, dafs vielmehr eine derartige Bestimmung erst dann für annähernd sicher erachtet werden darf, wenn die Hoffnung vorhanden ist, dafs in einer grofsen Anzahl von Fällen sich die Wirksamkeit der variablen Ursachen ausgeglichen und nach den constanten Verhältnifszahlen geordnet hat. Immer ist es also die Menge der Erfahrungen, durch welche es der Wissenschaft möglich wird, den Zufall zu eliminiren, während sie die einzelne Thatsache den unberechenbaren Einflüssen anheimgeben mufs.

---

[1]) Fries a. a. O. p. 17.

Auf diese immerhin doch unsicheren Bestimmungen der Wahrscheinlichkeitsrechnung haben nun die französischen Mathematiker in der Schule des Locke'schen Sensualismus die ganze Theorie der philosophischen und vor Allem der naturwissenschaftlichen Induction bauen wollen. Indem sie für jeden Fall die doppelte Möglichkeit setzten, dafs die Wirksamkeit eines zu erforschenden Naturgesetzes entweder eintrete oder nicht eintrete, machten sie die Wahrscheinlichkeit, dafs ein $x$ mal beobachtetes Phänomen wieder eintrete, dafs z. B. die Sonne am nächsten Tage wieder aufgehen würde, gleich $\frac{x+1}{x+2}$, welcher Bruch dann, da $x$ unendlich grofs sei, so gut wie gleich 1, gleich der Gewifsheit sei[1]). Nach den entwickelten Principien der Wahrscheinlichkeitsrechnung ist hier die ganze Anwendung der Rechnung eine ungerechtfertigte. Denn dieselbe gilt nur, wenn in den realen, gegebenen constanten Bedingungen ein numerisches Eintheilungsprincip factisch vorhanden ist, wenn den Ereignissen selbst ein „Entweder — oder" zukommt. Hier aber liegt das „Entweder — oder" nur in der Denkmöglichkeit und setzt aufserdem nicht zwei Fälle, sondern nur einen Fall und den unbestimmten Fall von dessen Nichterfüllung voraus — eine Unterscheidung, von der die Natur nichts weifs, die also keinen realen, sondern nur einen angenommenen Grund hat. Wenn den beobachteten Erscheinungen ein Naturgesetz zu Grunde liegt, so gilt es ausnahmslos, und kein Naturgesetz enthält in sich ein Eintheilungsprincip, wonach die darunter begriffenen Erscheinungen sich in bestimmten Verhältnifszahlen gruppirten. In den der Wahrscheinlichkeitsrechnung unterworfenen Ereignissen gehören die variablen Ursachen nach ihren Verhältnifszahlen zu den constanten Bedingungen: dem Naturgesetz sind die variablen Bedingungen vollkommen äufserlich und daher auch auf seine Wirksamkeit einflufslos.

Es ist das Verdienst von Fries, auf den fundamentalen Unterschied aufmerksam gemacht zu haben, der zwischen dem mathematischen und dem philosophischen Wahrscheinlichkeitsschlufs besteht. Seine Bemerkungen[2]) lassen sich dahin zu-

---

[1]) Vergl. z. B. Quételet. Lettres sur théorie des probalités. p. 18.
[2]) Fries a. a. O. Einleitung § IV u. V und § 26.

sammenfassen, dafs, während der mathematische Wahrscheinlichkeitsschlufs nur eine Uebersicht über die Durchschnittsverhältnisse gleich möglicher Fälle liefert und daher eine „unbestimmte Durchschnittsrechnung" ist, das Ueberwiegende der Gründe bei den philosophischen Inductionen, Hypothesen und Analogien in der strengen Unterordnung des fraglichen Gebiets unter schon bekannte Naturgesetze besteht und dafs daher die Auffindung neuer Gesetze nur durch allgemeine leitende Maximen möglich ist, deren Anwendung oft einen Inductionsschlufs aus einer einzigen richtig beobachteten und experimentell herbeigeführten Erfahrung gestattet. Mit blossen Zahlen ist in den philosophischen Inductionsschlüssen nichts auszurichten, da jeder einzige dem Gesetz nicht entsprechende Fall eine entscheidende Instanz gegen die Richtigkeit des Schlusses ist. Der Grund davon liegt offenbar in dem ganz verschiedenen Werthe, welchen das Naturgesetz und das Wahrscheinlichkeitsgesetz für den einzelnen Fall haben. Gegen das letztere kann ein einzelner Fall gar keine Instanz sein, weil er auch gar keine Instanz dafür sein kann, indem das nur für grofse Summen von Fällen giltige Gesetz in der einzelnen Thatsache gar nicht zur Geltung kommen kann; das Naturgesetz aber, als das allgemeine Gesetz auch für den einzelnen Fall, mufs gerade trotz der zufälligen Bestimmtheit der einzelnen Thatsache in derselben wirksam sein. Daher kann man durch ein einziges Experiment, als durch eine auf logischen Schlüssen beruhende Fragestellung an die Natur, die Giltigkeit einer aufgestellten Hypothese beweisen oder widerlegen. Diese Bedeutung hat für die Wahrscheinlichkeitsrechnung niemals ein einzelner Fall: sie ist nur die unbestimmte Durchschnittsrechnung, mit der die Erforschung der Naturgesetze ganz und gar nichts zu thun hat. Wenn sich trotzdem die Naturwissenschaft der mathematischen Näherungsmethoden bedient, deren Theorie in letzter Instanz auf die Wahrscheinlichkeitsrechnung führt, so ist ihre Durchschnittsrechnung immer eine bestimmte [1]). Denn es sollen dadurch garnicht Durchschnittszahlen für unsichere Erfolge gefunden, sondern vielmehr aus einer Reihe thatsächlicher Beobachtungen Werthe berechnet werden, deren gemachte

---

[1]) Vergl. Fries a. a. O. p. 217 f.

Messungen entweder nicht ganz genau übereinstimmten, oder die selbst nicht beobachtet werden konnten (wie z. B. der reelle Einstellungspunct eines Wagezeigers aus dem Mittel der Umkehrungspuncte desselben oder die Höhe eines Beobachtungsortes über dem Meeresspiegel aus dem mittleren Barometerstande einer entsprechend langen Zeit). Immer aber kommt es darauf an, durch Anwendung dieser Methoden die Genauigkeit der Berechnungen bis zu einem möglichst hohen und von den zufälligen Beobachtungsfehlern möglichst unabhängigen Grade zu steigern: daher sind alle diese Methoden vom einfachsten arithmetischen Mittel bis zu den feinsten Anwendungen der Gauls'schen Theorie der kleinsten Quadratsummen auf die astronomischen Berechnungen nur Correctionsmethoden und hängen mit den Principien der Wahrscheinlichkeitsrechnung nur dann zusammen, wenn die Wahrscheinlichkeit für die Richtigkeit der Beobachtungen mit in Rechnung gezogen wird. Im Allgemeinen beruht die Anwendung der mathematischen Näherungsmethoden zur Feststellung eines Gesetzes aus Beobachtungsreihen auf der Annahme, dafs ein solches mathematisch aussprechbares Gesetz jenen Beobachtungsreihen in der That zu Grunde lag und dafs die verschwindend kleinen Abweichungen, welche einzelne Beobachtungen zeigen, auf der Unmöglichkeit einer bis in's Allergenaueste gehenden Beobachtung beruhen.

Ganz anders verhält sich die philosophische Induction. Hier wird allerdings in den meisten Fällen eine systematische, von der mathematisch-theoretischen Erkenntnifs geleitete Zurückführung auf die Grundgesetze Statt finden, und es wird durch die vollkommene Uebereinstimmung theoretischer Entwickelungen mit empirischen Beobachtungen eine genügende Sicherheit in der Erkenntnifs der Gesetze erreicht werden können[1]). Allein diese Fries'sche Fassung gilt nur für abgeleitete Gesetze und läfst die Sicherheit der nur empirisch

---

[1]) Man liebt es zum Theil in der Naturwissenschaft, die Wahrscheinlichkeit, dafs eine solche Uebereinstimmung ein Werk des Zufalls sei, durch einen Bruch mit unendlich grofsem Nenner darzustellen: allein die ungeheuer grofsen Zahlen sind nur eine imponirende Zugabe und kein Beweisgrund. Vielmehr ist die Basis auch dieser Schlüsse die rein erkenntnifs-theoretische, dafs der Geist für constante und allgemeine Wirkungen auch constante und allgemeine Ursachen und Gesetze annimmt, dafs er alles wirkliche Geschehen a priori als ein nothwendiges betrachtet.

bewiesenen Grundgesetze, wie z. B. des Gravitationsgesetzes als ein neues Problem übrig. Hier liegt nun in der That eine an Gewifsheit grenzende Wahrscheinlichkeit unseres Wissens vor[1]: aber keine mathematische, sondern eine philosophische, deren Wahrscheinlichkeitsmoment nicht auf Zahlen sondern auf Gründen beruht. Der Inductionsschlufs kann vermöge seiner logischen Begründung niemals allein durch die Summe der in Betracht gezogenen Beobachtungen an Gewifsheit gewinnen. Er ist bekanntlich eine Anwendung der zweiten aristotelischen Schlufsfigur auf eine grofse Anzahl von Prämissen, deren Subjecte sämmtlich Arten einer gemeinschaftlichen Gattung sind, und enthält den Schlufs, dafs das den Arten zukommende Prädicat auch dem Gattungsbegriff zukomme. Man hat daher gesagt, dafs der Inductionsschlufs zur vollkommenen Evidenz erst da führe, wo in den Prämissen sämmtliche in der Gattung möglichen Fälle enthalten seien. Allein dieser sogenannte vollständige Inductionsschlufs enthält dann keine Erweiterung der Erkenntnifs mehr, er ist kein synthetischer mehr und nach Mill's treffendem Ausspruch[2]: „kein Schliefsen von bekannten Thatsachen auf unbekannte, sondern nur ein Verzeichnifs in einer Geschwindschrift von bekannten Thatsachen". Der wahre synthetische Werth der Induction beruht nicht auf der Anzahl der Prämissen, sondern auf der Verschiedenheit der in denselben enthaltenen Subjecte. Es wurde oben erwähnt, dafs in Rücksicht auf das allgemeine Gesetz jeder einzelne Fall mit zufälligen Nebenbestimmtheiten vermischt ist. Wenn wir nun von mehreren zufälligen Einzelheiten nachweisen können, dafs sie nichts gemeinsam haben, als den allgemeinen Gattungscharakter, und wenn wir dann bei ihnen eine gemeinsame Wirksamkeit finden, so haben wir ein Recht zu schliefsen, dafs diese gemeinschaftliche Wirkungsart aus einem der ganzen Gattung zugehörigen Gesetze herstammt — wiederum ein Recht, das nur darauf beruht, dafs a priori alle constanten Wirkungen auf constante Ursachen zurückgeführt werden müssen. In diesem Falle sind wir wirklich mit logischen

---

[1] Vergl. u. A. Fries a. a. O. p. 14 und Drobisch, die moralische Statistik und die menschliche Willensfreiheit p. 2 ff.
[2] Mill. System der deductiven und inductiven Logik. I. 840.

Operationen von der Erkenntnifs des Einzelnen zu der des Allgemeinen fortgeschritten: die Bedingung dazu ist aber die, nachzuweisen, dafs den Subjecten der einzelnen Prämissen in der That nichts gemeinsam ist, als ihr allgemeiner Gattungsbegriff. Dies ist an sich eine rein analytische und deductive Function, und so wird die Induction fruchtbar nicht durch die Masse der Fälle, sondern durch die analytische Grundlage, weil für die Giltigkeit dieser Schlufsweise die specifische Verschiedenheit der als Gattungsexemplare gewählten Einzelheiten eine unerläfsliche Bedingung ist. Man kann allerdings in vielen Fällen diese analytische Vorbereitung des synthetischen Schlusses unterlassen, wenn man nämlich durch die sehr grofse Anzahl einzelner Fälle sich für versichert halten darf, dafs in derselben die verschiedensten Arten vertreten und daher wirklich nur der Gattungscharakter das allen Gemeinsame ist: doch ist es dann eben nicht die grofse Anzahl, sondern vielmehr jene auf ihr beruhende Annahme, welche zum Inductionsschlufs berechtigt. Es leuchtet also ein, dafs der Inductionsschlufs nur auf Grund der vollständigen Analyse der beobachteten Fälle zur absoluten Evidenz gebracht werden kann, indem man in allen Fällen den Einflufs der Nebenbedingungen vollkommen erkannt hat und als allgemeines Gesetz dasjenige aufstellt, was nach Abzug dieser Nebeneinflüsse als die gemeinsame Wirksamkeit sich darstellt. So findet man das Gesetz des freien Falls, indem man für verschiedene zusammengehörige Raum- und Zeitgröfsen das stets gleiche Verhältnifs derselben aufsucht und auf diese Weise nach Elimination der zufälligen Fallbedingungen die Regel der constanten Wirksamkeit herauslöst.

Hieraus ist nun klar, wie ganz verschieden sich der Inductionsschluss und die Wahrscheinlichkeitsrechnung a posteriori zu den Zufälligen in den Ereignissen verhalten. Der Inductionsschlufs sieht jede einzelne, zufällige Thatsache an als getragen und durchdrungen von dem allgemeinen Gesetze, das er sucht: die Wahrscheinlichkeitsrechnung mufs von vorn herein auf die Giltigkeit ihrer Gesetze für den einzelnen Fall verzichten, sie betrachtet die einzelne Thatsache als vollkommen zufällig und gesetzlos und ist weit davon entfernt, in ihr ein allgemeines Gesetz als wirksam nachzuweisen. Danach leistet also der Inductionsschlufs das für den einzelnen

Fall, was die Wahrscheinlichkeitsrechnung nur für Summen von Fällen leistet, die Unterordnung unter constante, allgemeine Gesetze. Wir müssen darum gestehen, dafs die Anwendung des Terminus „Gesetz" für die Wahrscheinlichkeitsrechnung eine uneigentliche und leicht zu Mifsverständnissen führende ist. Mit dem Begriff des Gesetzes verbinden wir immer den der allgemeinen und ausnahmslosen Giltigkeit für das betreffende Gebiet: er läfst daher nie jene Theilung von Möglichkeiten zu, die in den Bestimmungen der Wahrscheinlichkeitsrechnung das Characteristische ist: und so können wir sagen, dafs uns die letztere immer nur das numerische Verhältnifs gegebener Umstände erkennen läfst, unter denen gewisse Gesetze thätig sind.

Wir möchten dies Verhältnifs als entscheidend für den Werth und die Behandlungsweise derjenigen speciell modernen Wissenschaft ansehen, deren Grundcharacter in der innigen Verbindung der Induction mit dem Wahrscheinlichkeitsschlusse a posteriori besteht, für die Statistik. Dieselbe betrachtet das Gesammtleben der menschlichen Gesellschaft in seinen physischen wie in seinen moralischen Beziehungen als eine gemeinschaftlichen Gesetzen unterworfene Summe von Ereignissen, zu deren Gestaltung jene Gesetze fortwährend wechselnde und für den einzelnen Fall unberechenbare Combinationen eingehen. Während also die einzelnen Thatsachen als zufällig und willkürlich erscheinen, stellen sich in den Wiederholungszahlen mit wachsender Annäherung genau jene Verhältnisse heraus, die wir in der Wahrscheinlichkeitsrechnung kennen gelernt haben, und da diese Verhältnisse in gleichen Zeiträumen sich als constant erweisen, so müssen sie auf constante Verhältnisse zurückgeführt werden, die zwischen den die Summe der Thatsachen beherrschenden Bedingungen Statt finden. Diese constanten Verhältnisse sind also — schliesst die Statistik — Gesetze, denen die Combinationen der das menschliche Leben bestimmenden Gesetze unterworfen sind. Untersuchen wir, auf welchem Puncte hier die Anwendung der Wahrscheinlichkeitsrechnung in den Inductionsschluss übergeht.

Weist z. B. die Statistik nach, dafs im Laufe eines Jahres das in den einzelnen Tagen, Wochen und Monaten sehr wechselnde Verhältnifs der Gestorbenen zu der Anzahl der Bevölkerung sich mehr und mehr einem einfachen Verhältnisse nähert, um das herum die Verhältnifszahlen der einzelnen Monate in nicht allzu grofsen Grenzen schwanken, so ist es ein einfacher Schlufs der empirischen Wahrscheinlichkeitsrechnung, das aufgefundene Verhältnifs für dasjenige zu halten, in welchem während diesen Jahres die den Tod herbeiführenden Umstände zu den allgemeinen Lebensbedingungen der beobachteten Bevölkerung gestanden haben — ein Schlufs, der zwar sehr tautologisch klingt, dennoch aber die Zurückführung der beobachteten Ereignisse auf ihre Ursachen und Bedingungen enthält, und jedenfalls nicht mehr tautologisch ist, als die übrigen Schlüsse der empirischen Wahrscheinlichkeitsrechnung. Denn schliefst man z. B. aus der Anzahl gezogener Kugeln auf das Verhältnifs der in der Urne enthaltenen Kugeln verschiedener Farbe, so hat man auch nichts anderes gethan, als aus der Beobachtung die factischen Verhältnisse der gegebenen Bedingungen, unter denen man gezogen hat, bestimmt. Soll nun hieraus umgekehrt nach den Gesetzen der Wahrscheinlichkeitsrechnung a priori die mittlere Wahrscheinlichkeit der Sterblichkeit auch für die Zukunft berechnet werden, so gilt dies nur für den Fall, dafs jene constanten Bedingungen dieselben bleiben. Dessen versichert sich die Statistik dadurch, dafs sie nachweist, wie in der That die so gefundenen Verhältnifszahlen für eine Reihe von Jahren nahezu dieselben bleiben, so dafs sie annehmen darf, dafs die constanten Sterblichkeitsbedingungen des nächsten Jahres denen der vorhergehenden annähernd gleich sein werden. Bei dieser Vorausbestimmung, die als Durchschnittsrechnung ebenso berechtigt wie practisch werthvoll ist, bleibt die Statistik aber nicht stehen: vielmehr schliefst sie, dafs jenes constante, jährlich wiederkehrende Verhältnifs der Ausdruck eines Naturgesetzes sei, gerade so, wie man aus dem constanten Verhältnifs der Fallzeit und des Fallraums auf das Naturgesetz des freien Falles schliefst. So formulirt sie jenes constante Verhältnifs als das Naturgesetz der Mortalität. Ueberall demnach, wo die Statistik nicht nur die Zahlenverhältnisse der Umstände feststellen will, unter denen die von ihr registrirten Ereignisse Stand fanden, sondern wo sie aus dieser Feststellung der factischen Verhältnisse zu der Aufstellung eines Gesetzes übergehen will, verläfst sie die Principien der Erfahrungswahrscheinlichkeit und schreitet zur Induction. Es ist klar, dafs diese Art der Induction einen viel geringeren Werth hat, als den, welcher oben der Induction im Allgemeinen zugeschrieben werden mufste, und zwar wegen des geringeren Werthes ihrer Prämissen. Bei der naturwissenschaftlichen Induction hat man für jede einzelne Prämisse die unmittelbare Gewifsheit ihres realen Werthes, eben weil es einzelne, zweifellos beobachtete Thatsachen sind: hier sind alle Prämissen Durchschnittsverhältnisse, deren Giltigkeit für den einzelnen Fall von vorn herein aufgegeben wird und die daher nur für die mathematische Fiction[1]) des Durchschnittsmenschen[2]) Bedeutung haben, der nirgends real vorhanden ist, als in unserer Gesammtbetrachtung[3]). Während ferner die naturwissenschaftliche Induction ein Gesetz nur da statuirt, wo sämmtliche Beobachtungen genau dasselbe numerische Verhältnifs zeigen, mufs sich die statistische Induction schon mit der annähernden Gleichheit in den Verhältnissen ihrer Prämissen begnügen. Während daher das Naturgesetz eine absolute Giltigkeit für alle darunter begriffenen Fälle besitzt, erleidet das durch die statistische Induction gefundene constante Verhältnifs nicht nur für jeden einzelnen Fall (was schon nach den Principien der Wahrscheinlichkeitsrechnung selbstverständlich), sondern auch für die einzelnen Summen von Fällen merkliche Modificationen, und es sind zufällige Ereignisse möglich, welche ein solches statistisches Gesetz vollkommen umwerfen können, wie z. B. eine starke, nur wenige Monate dauernde Epidemie für das betreffende Jahr das ganze Sterblichkeitsgesetz illusorisch macht. Hieraus ist einleuchtend, dafs die Statistik mit allen ihren grofsen Zahlen zu Gesetzen im eigentlichen Sinne des Wortes nicht gelangt, dafs sie vielmehr nur die constanten Verhältnisse der Umstände auffindet, unter denen mit geringen Schwankungen während einer gewissen Epoche sich die gesetzmäfsigen Wirkungen innerhalb des menschlichen Lebens combinirt haben, und dafs aus der Kenntnifs dieser Verhältnisse unter der An-

---

[1]) Vergl. Drobitsch a. a. O. p. 18. u. 53 f.
[2]) Ad. Wagner. Die Gesetzmäfsigkeit in den scheinbar willkürlichen menschlichen Handlungen p. 8 f.
[3]) Daher ihn auch Quételet, système social, p. 91 „un être abstrait" nennt.

nahme gleicher Bedingungen mittlere Wahrscheinlichkeiten für die nächste Zukunft von ihr vorausgesagt werden können. Welchen hohen Werth sie dadurch für aufserordentlich viele Einrichtungen des menschlichen Gesellschaftslebens erhält, ist ersichtlich; gleich ersichtlich aber auch, dafs sie als solche immer nur eine Wissenschaft des Factischen, nicht des als nothwendig Begriffenen ist. Denn die Zahlenverhältnisse, über deren Feststellung sie nicht hinauskommt, sind noch nicht die Erkenntnifs einer ursächlichen Nothwendigkeit, auf welche doch alle Wissenschaft hinzielt.

Hier tritt nun eine andere Bedeutung hervor, welche die Statistik neben ihrer grofsen practischen Wichtigkeit für alle Wissenschaft besitzt. Indem sie nämlich nachweist, dafs unter den nun einmal gegebenen Umständen gewisse Ereignisse im constanten Verhältnifs zu gewissen andern stehen, ist sie dadurch ein Sporn für andere Wissenschaften, ein solches Verhältnifs zu erklären und in seinen ursächlichen Verknüpfungen und Vermittlungen nachzuweisen. Wenn z. B. das sogenannte Hofacker-Sadler'sche Gesetz der männlichen Mehrgeburten auf statistischem Wege nachweist, dafs das Geschlechtsverhältnifs der Kinder in einer durchschnittlichen Abhängigkeit von dem Altersverhältnifs der Eltern steht, so ist dies zwar ein sehr interessantes Factum, das aber erst dadurch Werth gewinnen würde, wenn es der Physiologie gelänge, die ursächlichen Vermittlungen nachzuweisen, wodurch diese Abhängigkeit zu Stande kommt. Ist ihr das bisher nicht gelungen, so ist sie doch eben durch die statistischen Nachweise auf die Betrachtung dieses dunklen Punctes hingewiesen worden, wie die Untersuchungen von Ploss[1]) beweisen, der den Grund der männlichen Mehrgeburten zum grofsen Theil in den Ernährungsbedingungen suchen will. In dieser Weise ist die Statistik für andre Wissenschaften eine inducirende Vorbereitung, indem die constanten Abhängigkeitsverhältnisse zweier Ereignisse eine Erklärung der ursächlich nothwendigen Verknüpfung verlangen, welche zwischen ihnen Statt findet. Die Statistik, als die Feststellung des Factischen, ist die Grundlage für die Erforschung

---

[1]) Ueber die das Geschlechtsverhältnifs der Kinder bedingenden Ursachen. Berlin 1859.

des Nothwendigen. In diesem Sinne müssen wir die Statistik mit Oettingen[1]) und Rümelin[2]) als eine generelle Hilfswissenschaft bestimmen, deren mannichfache Beziehungen zur Geschichte, Nationalöconomie, Länder- und Völkerkunde der Grund für die vielen streitenden Definitionen dieser Wissenschaft gewesen sind, und für deren Hauptanwendung als der Beobachtung der jedesmaligen gesellschaftlichen Zustände Rümelin den nicht unpassenden Namen „Demographie" vorgeschlagen hat[3]). Der Werth der Statistik ist also der der Massenbeobachtung: wie jede einzelne Beobachtung uns zur Erforschung der Ursachen auffordert, so leitet auch die durch systematische Massenbeobachtung gefundene Kenntnifs constanter Abhängigkeitsverhältnisse zu einer Erforschung ihrer ursächlichen Vermittlungen hin[4]).

Hiernach ist auch das Verhältnifs der Statistik zum einzelnen Zufall klar: es ist im Wesentlichen das der empirischen Wahrscheinlichkeitsrechnung. Aus diesen Grunde kann nicht stark genug betont werden, dafs die constanten Verhältnisse der Statistik keineswegs Gesetze sind, nach denen sich die einzelnen Thatsachen vollziehen, sondern vielmehr nur Producte, welche aus den variirenden Combinationen der Umstände darum mit Regelmäfsigkeit hervorgehen, weil die numerischen Verhältnisse dieser Umstände und die Art ihrer Wechselwirkung selbst gleich bleiben: ja die Statistik weist selbst nach, z. B. durch die Aenderung des im Allgemeinen constanten Heirathsprocentes nach den Getreidepreisen, dafs mit dem Wechsel der Umstände auch die Verhältnifszahlen wechseln. Es ist daher eine offenbare Verwechselung, wenn man, wie Wagner es in dem berühmt gewordenen Vergleiche mit Staatsgesetzen[5]) thut, die Regelmäfsigkeiten der Statistik als bedingende und wirksame Gesetze auch für den einzelnen Fall auffafst: die erstaunlichen Regelmäfsigkeiten der statistischen Zahlen beweisen nur, dafs dieselben Combinationen von Umständen mit einer gleichmäfsigen Wiederholung sich vollziehen, die eine unerklärte Thatsache ist, und die wir nur

---

[1]) Moralstatistik I. p. 75.
[2]) „Zur Theorie der Statistik," in Tüb. Zeitschr. f. d. ges. Staatswissenschaften. Jahrg. 1863. p. 667.
[3]) ibid. p. 686 ff.
[4]) ibid. p. 665.
[5]) Wagner a. a. O. p. 44 ff.

dann würden erklären können, wenn wir die Gesammtheit der jedesmal wirkenden Ursachen, d. h. wenn wir den ganzen verwickelten Mechanismus des Weltlaufs vollkommen übersehen könnten. Wie wenig die Statistik dem einzelnen Falle gerecht wird, beweisen namentlich die moralstatistischen Untersuchungen. Es wurde schon oben bemerkt, dafs bei den durchschnittlichen Wiederholungszahlen der Wahrscheinlichkeitsrechnung ebensoviel an individueller Bestimmtheit eingebüfst, als an Wahrscheinlichkeit gewonnen wird. Bei den moralstatistischen Zählungen ist dies noch viel gefährlicher, da eigentlich nur äufsere Aehnlichkeiten und nicht innere Gleichheiten als Princip der Zählung gelten. Wohl kann die Moralstatistik die Anzahl, die Art und selbst die in jedem Falle bekannt gewordenen Motive der Selbstmorde registriren: aber das eigentlich Bedeutsame und für die Erkenntnifs Werthvolle jeder einzelnen Thatsache, den inneren Procefs, der zu dem selbstmörderischen Entschlusse führte, läfst sie in dem Dunkel, das darüber schwebt. So furchtbar daher auch die Regelmäfsigkeit in den verhältnifsmäfsigen Zahlen der Selbstmorde ist, so verliert sie doch etwas von ihrer Bedeutung, wenn man bedenkt, wie weit auseinandergehende innere Processe hier durch eine gemeinschaftliche Handlung als gleich gezählt worden sind. Nicht anders ist es mit den Verbrechen, deren Verhältnifszahlen sich ebenfalls schrecklich constant erweisen. Indem der Mensch nur als Object der Zählung figurirt, wird der den eigentlich moralischen Werth seiner Handlungen ausmachende innere Procefs seiner Entschliefsungen vollkommen bei Seite gesetzt, und somit fehlt die ganze Verbrechenstatistik, sofern sie ein Urtheil über den moralischen Zustand der beobachteten Gesellschaft begründen soll, gegen den alten Grundsatz: si duo faciunt idem, non semper faciunt idem.

Ebensowenig aber wird selbstverständlich die einzelne Thatsache der statistischen Regelmäfsigkeit gerecht. Von derjenigen Combination der Umstände, welche dem einzelnen Falle seinen specifischen Character aufdrückt, weifs auch die Statistik nichts, und ihre Regeln sind daher für die Gestaltung des Einzelnen von ganz und gar keiner Bedeutung. Daher beeinträchtigen die Regelmäfsigkeiten, welche sich als Producte der sich summirenden Wirkungen ergeben, keineswegs die Freiheit der persönlichen Entscheidung, wie dies Wagner annehmen zu müssen glaubt. Vielmehr gehören die persönlichen Entscheidungsmotive der Menschen selbst zu jenen variirenden Ursachen, die innerhalb der allgemeinen Bedingungen jede einzelne Thatsache besonders characterisiren. Daher sagt Oettingen[1]: „Eine absolute Nöthigung, so und nicht anders zu handeln, kann aus den statistischen Gesetzen von vorn herein höchstens für die große Zahl der Menschen abgeleitet werden" und Wappäus[2]: „Die Untersuchungen und Ergebnisse der Statistik beziehen sich nicht auf das einzelne Individuum: somit haben auch die gefundenen Gesetze für die einzelne Person keine unmittelbare Geltung." Wenn es deßhalb auch richtig ist, daß der allgemeine Zustand der Gesellschaft ein verursachendes Element für den Eintritt jedes Verbrechens ist, daß daher gewissermaßen jene von der Moralstatistik aufgefundenen constanten Verhältnisse die „höheren Mächte" sind, von denen Göthe's Harfner singt: „Ihr laßt den Menschen schuldig werden" — und wenn daher in der That eine Solidarität der Menschheit in Rücksicht der Verbrechen nicht absolut zu leugnen ist[3]), so beweist doch schon die einfache Thatsache, daß nur Einige dieses Verbrechen wirklich begehen, wie sehr der wirkliche Eintritt des Verbrechens von der persönlichen, einzelnen That abhängt. Die Menschheit hat daher eine Solidarität nur für die Möglichkeit der Verbrechen, sie hat keine solidarische Schuld an der Wirklichkeit derselben, welcher Begriff in den theologischen der Erbsünde übergehen müßte. Und wenn die Regelmäßigkeiten der Statistik beweisen, daß in gleichen Zeiträumen eine annähernd gleiche Menge von Individuen den zum Verbrechen führenden Einflüssen der Gesellschaft erliegt, so ist das eine Thatsache, welche uns mehr für eine durchschnittliche Stetigkeit der menschlichen Natur, als für die Wirksamkeit irgend eines die Freiheit des Einzelnen aufhebenden Gesetzes zu sprechen scheint.

Ueberall somit, wo die Wissenschaft aus der Beobachtung der zufälligen Einzelthatsachen die Erkenntniß von Gesetzen finden will, sucht sie jenseits der zufälligen Einzelheiten vieler

---

[1]) Moralstatistik I. p. 47. cf. p. 258.
[2]) Allgemeine Bevölkerungsstatistik II. p. 17.
[3]) Vergl. Drobisch a. a. O. p. 92 und Oettingen a. a. O. I. p. 220.

Thatsachen die Regel einer gemeinschaftlichen Wirksamkeit,
welche innerhalb der Zufälligkeiten eine constante Bedingung
derselben ausmacht: und umgekehrt, wo die Wissenschaft
aus der Kenntniſs der Gesetze die einzelne Thatsache vorausbestimmt, da reflectirt sie nur auf das gesetzmäſsige Verhältniſs, welches in dieser Thatsache wirksam sein muſs, oder
auf die constanten Verhältnisse, in denen sich Summen von
Ereignissen gruppiren müssen, niemals aber auf die zufällige
Einzelheit, deren Grund in dem unberechenbaren Eintritt von
Nebenbedingungen enthalten ist. Nur in der Masse ist der
Zufall zu überwinden.

## III. Zufall und Zweck.

Wir kehren zu dem Begriffe des relativen Zufalls zurück.
In demselben war die causale Bedingtheit jeder einzelnen
Thatsache vollkommen anerkannt, die Zufälligkeit war nur in
die Verknüpftheit zweier Thatsachen verlegt worden, und da
alle von uns beobachteten Ereignisse solche Verknüpfungen
sind, so erkannte dieser Begriff gewissermaſsen nur die Ele-
mentarwirkungen als vollkommen causal bedingt an und schob
die Zufälligkeit aus diesen einzelnen Wirkungen in den gesammten Gang und in die Verbindungsweise der Ereignisse,
in den Weltlauf, zurück. Hierauf führt die schon oben an-
gedeutete Zweideutigkeit dieses Begriffs: erstens wurden dadurch zwei Thatsachen in Rücksicht auf einander zufällig
genannt, weil sie, obwohl nicht causal verknüpft, in Raum
und Zeit zusammentrafen; zweitens aber wurde nun diese
Verknüpfung selbst, da sie nur ein vereinzeltes Factum ist,
zufällig genannt.

Jedoch wurde dieser Bestimmung schon die Beschränkung
hinzugefügt, daſs wir die Verknüpfung zweier Thatsachen
dann nicht mehr zufällig nennen dürfen, wenn dieselben
Wirkungen einer gemeinschaftlichen Ursache seien. Dies
Princip aber führt in's Unendliche. Denn gesetzt, zwei Thatsachen $\alpha$ und $\beta$ coincidiren: so nennen wir ihre Verknüpfung
nicht zufällig, wenn sie mit einander im causalen Verhältniſs

tehen, wir werden sie auch nicht zufällig nennen, wenn sie war nicht von einer gemeinschaftlichen Ursache bedingt sind, wenn aber ihre beiden Ursachen a und b, oder auch wenn erst deren Ursachen A und B in irgend einem Verhältnifs der Nothwendigkeit zu einander stehen: u. s. f. bis in's Unendliche¹). Damit ist klar, dafs dieser relative Zufallsbegriff, auf die Verknüpftheit der Thatsachen bezogen, nur ein subjectives Phänomen ist, hervorgegangen aus der Beschränktheit unserer Erkenntnifs, welche uns nicht gestattet, alle Ursachen eines Zusammentreffens zweier Thatsachen bis zu dem Puncte zu verfolgen, wo ihre nothwendige Verknüpftheit klar wird. Den eigentlichen Werth und die Bedeutung dieser Relativität zu untersuchen, werden wir später Gelegenheit haben. An dieser Stelle sei nur erwähnt, welch neues und bedeutenderes Problem aus diesem Begriffe hervorgeht. Ist nämlich jede Thatsache eine nothwendige Consequenz aus ihren Umständen, und sind diese, während sie als zufällig erscheinen können, selbst wieder die nothwendige Consequenz aus den vorhergehenden, so mufs doch immer zuletzt diese ganze Verkettung, so mufs gewissermafsen die ursprüngliche Combination der Umstände einen Grund haben. Dieser könnte uns entweder als mit den realen Wesen selbst gegeben und daher als ein Bestandtheil jenes Seins betrachtet werden, welchem, unabhängig von jeglicher Anwendung des Satzes vom Grunde, jene tiefere Wirklichkeit zukommt, die den Grund alles Nothwendigen in sich trägt, oder es könnte diese gesammte Verkettung der Umstände einem einheitlichen Causalgesetz unterworfen gedacht werden, dessen nothwendige Wirksamkeit die jedesmalige Combination hervorbrächte. In beiden Fällen aber reichte die menschliche Erkenntnifs nicht bis zu diesem letzten Grunde hinauf, und wenn sie auch die einzelnen Thätigkeiten des causalen Mechanismus überall begreifen und jedes einzelne Factum aus seinen Bedingungen und Gesetzen erklären könnte, so würde ihr doch der ganze Verlauf des Geschehens, dies „System der Erfahrung"²) ein ungelöstes Problem bleiben müssen.

---

¹) Diese Auflösung seines relativen Zufallsbegriffs durch den regressus in infinitum deutet z. B. auch Schopenhauer an: Kritik der Kant'schen Philosophie p. 555.
²) Vergl. Kant, Kritik der Urtheilskraft. Einl. V. Werke VII. p. 23.

Allein nehmen wir an, das Problem sei gelöst, einer menschlichen Intelligenz sei es möglich gewesen, sich mit freiem Blick und mit durchdringender Erkenntnifs zu dem Gesammtverständnifs eines solchen Gesetzes zu erheben, nach welchem die Combinationen der Umstände sich mit Nothwendigkeit vollziehen, und für diese Intelligenz habe daher auch das kleinste Ereignifs seinen zufälligen Anschein vollständig verloren: — was wäre nun erreicht? Allerdings könnte jedes Ereignifs aus dem Verlauf des Ganzen vollständig begriffen und erklärt, allerdings könnte das Gewebe der den Weltlauf bildenden unzähligen Fäden in seiner inneren Structur klar enthüllt werden: und doch würde alle diese Erkenntnifs für uns nur das theilnahmlose Wissen eines Factums sein, das Wissen eines nun einmal vorhandenen Gesetzes, nach dem sich die Thatsachen in kalter Nothwendigkeit abwickelten. Interesselos würden wir dem verwickelten Lauf eines Mechanismus zusehen, der in seiner inneren Bewegung für uns ohne Sinn und Bedeutung wäre, und den wir mit derselben Gleichgiltigkeit betrachten müfsten, wenn er ein anderer wäre. In der That ist dies die letzte Consequenz des Spinozismus, der alles Geschehen nur als die Abwicklung einer ewigen Nothwendigkeit ansieht. Daher kann jene Combination der Umstände, welche in jedem einzelnen Falle als zufällig erscheint, und welche im Ganzen als einem nothwendigen Processe unterworfen anzusehen, uns das Gesetz der Causalität zwingt, an sich für uns keinen Sinn und keine Bedeutung haben, solange wir nichts Anderes von ihr wissen, als dafs sie nun einmal da ist und dafs aus ihr alles Geschehen mit unabänderlicher Nothwendigkeit hervorgeht. Es mufs uns gleichgiltig sein, ob die Combination der Umstände gerade diese oder eine andere ist, wenn eine andere sich nur mit derselben Nothwendigkeit vollzöge. Hier springt nun ein ganz anderer Begriff des „Auch-anders-sein-können's", d. h. des Zufälligen hervor, ein „Auch-anders-sein-können" nicht in Rücksicht auf die causale Nothwendigkeit, sondern auf die Bedeutung und den Werth[1]) dessen, was causal nothwendig ist: es ist der Zufallsbegriff bezogen nicht auf die causale Nothwendigkeit, sondern auf die Nothwendigkeit des Zwecks.

---

[1]) Vergl. über diesen Uebergang des Zufallsbegriffs in eine Werthbestimmung Lotze, Mikrokosmus. III. p. 551.

Es ist nicht sonderlich schwierig, wie es Spinoza[1]) gethan hat, den Zweckbegriff als ein asylum ignorantiae zu verwerfen: in der That mag derselbe seiner ersten begrifflichen Erfassung nach eine anthropomorphistische Ausflucht des Denkens gewesen sein, das den Zusammenhang der mechanischen Wirkungen nicht zu erfassen vermochte, wie denn z. B. Aristoteles[2]) von Anaxagoras berichtet, dafs er, wo er mit der mechanischen Erklärungsweise nicht auskam, seinen zweckthätigen νοῦς herbeigezogen habe. Ganz anders aber verhält sich die moderne Wissenschaft zu diesem Cardinalbegriff: sie mufs ihn verwerfen, sobald aus ihm die Gestaltung und Erklärung irgend einer natürlichen Thatsache erklärt werden soll, indem sie für die Erklärung der Thatsachen kein anderes Princip gelten läfst, als das der Ursachen, aus denen dieselben mit mechanischer Nothwendigkeit hervorgegangen sind: innerhalb der wissenschaftlichen Erklärung ist der Recurs auf den Zweckbegriff nichts Anderes, als das Aufgeben aller Erklärung. Allein diese wissenschaftliche Erklärung aus bewirkenden Ursachen ist nicht das letzte Princip der Vernunft überhaupt: alle Erklärung zeigt nur eine nothwendige Bedingtheit durch die Umstände, und diese bleibt eben für uns eine werthlose Thatsache, wenn wir nicht in ihr die Realisirung eines Zweckes erblicken, dem nachzuforschen ein unversieglicher Drang unseres Innern gebietet. Nicht eingreifend dürfen wir die Zweckursache in den Gang des natürlichen Geschehens denken: aber wir können diesen ganzen Mechanismus, dies „System der Erfahrung," nur begreifen als die Realisirung einer Welt von Zwecken, durch welche er in all seinem nothwendigen Verlaufe erst werthvoll und bedeutsam wird.

So wenig demnach der Zweckbegriff mit der causalen Nothwendigkeit streitet, so wenig widerspricht der auf den Zweck bezogene Zufallsbegriff dem des causal Zufälligen. Sofern nämlich eine causale Nothwendigkeit denkbar ist ohne Zwecknothwendigkeit, mufs auch die Zufälligkeit des Zwecks gedacht werden ohne causale Zufälligkeit. Es ist daher sehr wohl möglich, ein Geschehen in Rücksicht auf den Zweck

---

[1]) z. B. Ethik I. append.
[2]) Metaph. ed. Brandis I. p. 14.

zufällig zu nennen, während man ihm jegliche causale Zufälligkeit abspricht. Wenn man daher gerade den Systemen des reinen Naturalismus, die keine andre als die causale Nothwendigkeit anerkennen, wie dem neueren Materialismus, den Vorwurf gemacht hat, sie erklärten die Welt aus dem Zufall, so konnte man damit nicht den causalen, sondern nur den auf den Zweck bezogenen Zufall meinen: und umgekehrt erklärt es sich gerade durch diese Doppelsinnigkeit des Wortes „Zufall", dafs dieselben Systeme, während sie den Zufall in das Reich menschlicher Unwissenheit verbannen, sich gerade auf die Zufälligkeiten stützen, wenn sie es versuchen, eine teleologische Weltanschauung anzugreifen.[1]) Namentlich aber kann man es im Gebrauch des Lebens beobachten, dafs der gemeinschaftliche Gebrauch desselben Wortes für zwei so heterogene und auf zwei so ganz verschiedene Grundbegriffe bezogene Vorstellungen zahlreiche Mifsverständnisse herbeiführt. Mit Recht hat daher Trendelenburg[2]) die Trennung dieser beiden, den verschiedenen Begriffen der Nothwendigkeit entsprechenden, verschiedenen Anwendungen des Zufallsbegriffes befürwortet: denn wir werden finden, dafs dieser zweite Zufallsbegriff das Geschehen von einer ganz andern Seite betrachtet, als der erste, und dafs er sich nicht auf die ursächliche Verknüpfung der Thatsachen, sondern vielmehr auf den Grad bezieht, in welchem sich innerhalb dieses causalen Mechanismus der schöpferische Gedanke geltend macht.

Dieser auf den Zweck reflectirende Zufallsbegriff findet nun, gemäfs der Bedeutung des Zweckbegriffs, zwei Hauptanwendungen. Erstens nämlich ist der Zweck das Fundalprincip aller menschlichen Handlungen, und wenn daher im Reiche der menschlichen Thätigkeit etwas gedacht wird, was durch einen Zweck nicht bedingt ist, so wird diesem das Prädicat des Zufälligen zukommen: zweitens aber betrachten wir den Zweck als das schöpferische Princip, dem der ganze Mechanismus des Weltlaufs, also auch des natürlichen, von der Willensthätigkeit des Menschen unabhängigen Geschehens unterworfen ist, und in dieser Rücksicht werden alle diejenigen

---
[1]) Vergl. z. B. einen solchen Versuch bei Büchner. Kraft und Stoff. 11. Cap. 8. Aufl. p. 91 ff.
[2]) Logische Untersuchungen II. p. 191 ff.

mechanischen Wirkungen als zufällig aufgefaſst werden müssen, welche mit einer solchen zweckmäſsigen Bestimmtheit nicht zu vereinigen sind.

Die erste dieser Anwendungen ist so klar und einfach, wie sie gebräuchlich ist. Wie nämlich in das Reich menschlicher Handlungen einerseits Wirkungen hineinreichen können, die durch keinerlei menschliche Zweckthätigkeit hervorgebracht sind, und wie andrerseits aus einer menschlichen Handlung Wirkungen hervorgehen können, die in der diese Handlung bedingenden Zweckthätigkeit nicht vorhergesehen werden konnten oder wenigstens nicht vorhergesehen wurden, und auf die sich daher der Zweckgedanke nicht bezog, das leuchtet von selbst ein: denn das menschliche Handeln ist ein stetes Wechselwirken mit dem von der menschlichen Zweckthätigkeit unabhängigen mechanischen Verlauf der Ereignisse. So wird das Zufällige als dasjenige aufgefaſst, was entweder gegen oder ohne die menschliche Absicht in dem Bereich der zweckmäſsigen Handlungen vor sich geht: es ist das Zweckwidrige oder das Unbezweckte, das Absichtslose.

Die erste der von uns gesetzten Möglichkeiten, daſs das Zweckwidrige in das menschliche Handeln hineinrage, erinnert nun offenbar an den Begriff der relativen Zufälligkeit, den wir oben als das Aeuſserliche, Störende, Fremde betrachten muſsten, ohne damals noch den Begriff des Zweckes hinzuzufügen. Aber wenn wir die dort herbeigezogenen Beispiele aus der Welt des Menschenlebens jetzt noch schärfer durch das Licht des Zweckbegriffes erhellen, so tritt ihre volle Bedeutung erst klar hervor. Wenn im Lustspiel die Absichten durch das Spiel der Ereignisse durchkreuzt und zerrissen werden, so tritt uns die neckische Ironie des Weltlaufs entgegen, welcher Effect noch dadurch gesteigert wird, daſs, während der Zuschauer diese Störung voraussieht oder vorausahnt, die Charactere des Stücks dadurch überrascht werden: und wenn wir im eignen Leben den Absichten unseres Willens die Uebermacht der Thatsachen entgegenwirken fühlen, so begreifen wir die tragische Gewalt der Verhältnisse. Die schon causal als zufällig angesehene Coincidenz zweier Begebenheiten wird zu einer vollkommen zufälligen, indem die eine derselben eine Absicht ist, der die andre als eine fremde, äuſserliche Thatsache entgegentritt.

Ebenso wenige Schwierigkeiten bietet die andre Möglichkeit dar, nach welcher aus einer menschlichen Handlung Wirkungen hervorgehen, die durch jene Handlung nicht bezweckt waren und nun darum zufällig genannt werden. Denn indem die menschliche Thätigkeit als wirksame Kraft in den Mechanismus des Geschehens eingreift und nun nach den Gesetzen desselben weiter wirkt, können aus ihr Erfolge hervorgehen, die in der Zweckthätigkeit selbst nicht beabsichtigt waren. Zufällig sind daher alle unbeabsichtigten Nebenerfolge absichtsvoller Handlungen[1]). Wenn z. B. Berthold Schwarz, um die alchymistische materia prima darzustellen, Salpeter, Kohle und Schwefel mischte und nun diese Mischung leicht entzündbar und stark explosibel fand, so sagen wir, dafs er das Pulver zufällig erfunden habe. Dagegen nennen wir eine Erfindung nicht zufällig, wenn der Gedanke ihres Zwecks der mechanischen Construction vorherging und dieselbe bedingte. Hierauf beruht auch der Unterschied zwischen der Erfahrung des Lebens und der der Wissenschaft. Die erstere beobachtet und behält die verschiedenen Wirkungen, welche aus den Thatsachen hervorgehen, wie gerade der Gang des eignen Lebens einen Jeden mit der umgebenden Welt bekannt macht, und führt daher zu einem Aggregat zufälliger Kenntnisse: die Wissenschaft aber, der die Erkenntnifs beabsichtigter Zweck ist, führt nach Maafsgabe ihrer jedesmaligen Absichten die Erfahrung selbst herbei. Daher sagt Baco[2]): Experientia, quae si occurrat casus, si quaesita sit experimentum nominatur. Dennoch werden selbstverständlich auch in der Wissenschaft sehr häufig wichtige Entdeckungen zufällig gemacht, indem bei einem Experiment bisher unbekannte Wirkungen von Naturkräften auftreten, auf deren Erforschung der eigentliche Zweck des Experiments nicht gerichtet war: wir brauchen z. B. nur an die Entdeckung des Galvanismus zu erinnern. Dieser Begriff des unbeabsichtigten Nebenerfolges ist zuerst und zwar in aller Vollständigkeit von Aristoteles aufgestellt worden. Indem er den Zufall, τὸ συμβεβηκός, in metaphysischer Beziehung allein auf den Zweck[3])

---

[1]) Vergl. Lotze, Mikrokosmus. III. p. 550.
[2]) Novum Organon. Aphorism. 82.
[3]) „Zufällig" ist bei ihm allgemein, was nicht durch Zweckthätigkeit geschehen ist, aber doch hätte bezweckt sein können vgl. Phys. II. 6 ed Brandis

bezieht, unterscheidet er zwischen τύχη und αὐτόματον, von denen er das letztere allgemein faſst, das erstere dagegen nur auf menschliche Handlungen bezieht: ἡ τύχη αἰτία κατὰ συμβεβηκὸς ἐν τοῖς κατὰ προαίρεσιν ἕνεκά του[1]). Durch τύχη geschehen ist danach alles, was mit mechanischer Nothwendigkeit aus einer absichtsvollen Handlung hervorgeht, obwohl es selbst nicht beabsichtigt war, aber doch hätte beabsichtigt sein können. Das αὐτόματον dagegen definirt er[2]): ὅ φανερὸν ὅτι ἐν τοῖς ἕνεκά του γινομένοις, ὅταν μὴ τοῦ συμβάντος ἕνεκα γένηται οὗ ἔξω τὸ αἴτιον, τότε ἀπὸ ταὐτομάτου λέγομεν. Der Unserschied ist also der, daſs, während der Grund des zufälligen Ereignisses dort ein innewohnender[3]) Zweckgedanke ist, dieser Grund hier eine beliebige äuſsere Thatsache ist, daſs aber doch dies zufällige Ereigniſs selbst hätte die Folge einer absichtsvollen Handlung sein können. So wird es zufällig genannt, daſs ein Stein Jemanden trifft, weil er nicht gefallen ist, um zu treffen, weil er aber hätte geworfen werden können, um zu treffen[4]). Es ist klar, daſs dieser aristotelische Begriff der αἰτία κατὰ συμβεβηκός, wenn er auch in Rücksicht auf die Ursache der zufälligen Ereignisse zwischen menschlicher Handlung und natürlichem Mechanismus unterscheidet, doch im Wesentlichen auf den Begriff einer möglichen menschlichen Beabsichtigung gebaut ist, und die Beziehung zum Naturzweck (παρὰ φύσιν) deutet er am Schlusse dieser Untersuchung nur kurz an, ohne näher darauf einzugehen. Das Hauptsächlichste aber bei seiner Bestimmung des Begriffs τὸ συμβεβηκός liegt auf dem Gebiete der Logik und wird uns daher an einer anderen Stelle beschäftigen.

Da nun dieser Begriff des Zufalls auf der Zweckthätigkeit des Menschen basirt, und da diese Zweckthätigkeit das eigentliche Problem der Ethik ist, so gewinnt diese Beziehung des Zufallsbegriffs eine ethische Bedeutung. Die Zufälligkeit in diesem Sinne ist eine auf den Zweck des Handelns bezogene Werthbestimmung, und das Zufällige, das Zweck der

---

p. 31: τὸ αὐτόματον καὶ ἡ τύχη αἰτία ὧν ἂν ἢ νοῦς γένοιτο αἴτιος ἢ φύσις, ὅταν κατὰ συμβεβηκὸς αἴτιόν τι γένηται τούτων αὐτῶν.
[1]) Phys. II, 5. p. 28.
[2]) ibid II. 6. p. 30.
[3]) Vergl. ibid. II, 6. p. 31: τοῦ μὲν γὰρ ἔξω τὸ αἴτιον, τοῦ δ' ἐντός.
[4]) ibid. II, 6. p. 30.

Handlung sein kann, aber nicht Zweck der Handlung zu sein braucht oder sein soll, wird in ethischer Beziehung als dasjenige auftreten, was nur einen relativen Werth für die Sittlichkeit besitzt. So unterschieden die Stoiker zwischen ἀγαθόν und προηγμένον, indem sie jenes für den absoluten Zweck alles ethischen Handelns, dieses aber, den jedesmal bestimmten und durch die Umstände bedingten Gegenstand des sittlichen Handelns, als das an sich Gleichgiltige und Werthlose ansahen, das nur eine Anregung zum sittlichen Handeln enthielte und andererseits als ein Nebenerfolg der sittlichen Thätigkeit sich ergäbe, an sich aber ein ἀδιάφορον wäre[1]). Es beweisen jedoch manche der Ethik sehr wenig würdige Freiheiten, welche sich die Stoiker gestatteten[2]), wie gefährlich eine solche principielle Scheidung des sittlichen Zwecks von den Objecten ist, an denen er sich realisirt, und wie unrichtig es ist, den äuſseren Dingen den sittlichen Werth gänzlich abzusprechen. Nicht dadurch treten die äuſseren Dinge in den Gesichtskreis der Ethik, daſs sie zufällig Objecte ethischer Thätigkeiten werden können, die ihnen selbst aber äuſserlich bleiben, sondern vielmehr dadurch, daſs der ethische Zweckgedanke die Welt des Geschehens durchdringt und in seine Verwirklichung aufnimmt, und alles ethische Leben muſs darin bestehen, die dem Willen von dem Mechanismus des Weltlaufs entgegengebrachte Zufälligkeit durch den umgestaltenden, leitenden Zweck zu adeln und den Handlungen, die ihre Wirksamkeit in's Unbestimmte auszudehnen drohen, jenen scharf bestimmten Charakter aufzudrücken, vermöge dessen sie der knappe Ausdruck des sittlichen Gedankens und nichts Anderes sind, als die Realisirung des ethischen Zwecks. Diejenige Entscheidung des Willens, welche durch ein dem Zweck äuſserliches und für ihn gleichgiltiges, also zufälliges Motiv bestimmt ist, nennen wir Laune: und diejenige Handlungsweise, welche die nothwendigen Folgen der Thätigkeit nicht bedenkt und am Zwecke prüft, heiſst Leichtsinn. Darum werden die Menschen nicht nur für ihre Handlungen, sondern auch für deren zufällige Folgen verantwortlich gemacht, falls sie diese Folgen hätten voraussehen

---

[1]) Vergl. Diog. Laert. VII. 102—107.
[2]) Vergl. Ritter. Geschichte der Philosophie III. p. 647 f.

und verhüten können. So ist es das sittliche Ideal, dafs der Zweckgedanke sich das Zufällige unterwerfe und in den Mechanismus des Weltlaufs nur mit derjenigen Bestimmtheit hineinwirke, die seine eigene Realisirung zur Folge hat. Indem die ethische Thätigkeit die ihr an sich äufserliche Welt des Geschehens durchdringt, theilt sie dieser Welt ihren eigenen Werth mit und nimmt ihr die gleichgiltige Unbestimmtheit der Zufälligkeit. Wo wir dagegen aus dem Ernst der ethischen Thätigkeit und aus den Werthbestimmungen des zweckmäfsigen Handelns herausgehen, um den angestrengten Kräften Ruhe und Erholung zu gewähren, da greifen wir zu den blinden, zwecklosen Wirkungen des Mechanismus, um an ihrer Regellosigkeit unsre Zweckthätigkeit gewissermafsen scherzend und spielend sich ergehen zu lassen. Das ist die Philosophie des Kartenspiels.

Verwickelter jedoch wird der Begriff des auf den Zweck bezogenen Zufalls, wenn wir denselben nicht in Rücksicht der die menschliche Zweckthätigkeit bedingenden und aus ihr folgenden Umstände, sondern in Rücksicht des gesammten Verlaufs des Geschehens betrachten. Wollen wir nämlich in dem causal vermittelten Zusammentreffen der Ereignisse zweckmäfsigen Sinn und Bedeutung erblicken, so können wir dies auf doppelte Weise thun: wir können entweder eine unmittelbar wirkende Zweckthätigkeit annehmen, welche ohne causale Bedingtheit die zweckmäfsige Zusammenfügung der Umstände für jeden einzelnen Fall herbeiführt, oder wir können nur den Mechanismus des Weltlaufs in seiner Gesammtheit als die Realisirung eines unendlich werthvollen Zweckgedankens ansehen, sodafs durch die Causalität selbst dieser Zweck sich vollzieht. Beiden Anschauungen gegenüber wird der Zufall eine sehr verschiedene Stellung einnehmen.

Die erstere dieser Anschauungen, nach welcher der Zweck in unmittelbarer, durch mechanische Causalität nicht vermittelter Wirksamkeit für jeden einzelnen Fall diejenige Combination der Umstände herbeiführt, durch welche er sich realisirt und welche durch die blofse Causalität nicht eingetreten wäre, fällt vollkommen mit dem Begriffe des Wunders zusammen: denn das Wunder ist eben eine causal nicht vermittelte Zweckthätigkeit Gottes. Es tritt hier die interessante

Gegensätzlichkeit ein, daſs der Begriff des Wunders, der in causaler Beziehung mit dem Zufall Hand in Hand geht, der auf den Zweck bezogenen Zufälligkeit gerade entgegengesetzt ist: und während der auf die menschliche Zweckthätigkeit gerichtete Zufallsbegriff gerade auf der Allgemeingiltigkeit der mechanischen Causalität beruhte, befindet sich dieser Begriff der den Zufall aufhebenden göttlichen Zweckthätigkeit in Uebereinstimmung mit dem causalen Zufallsbegriff und streitet mit der Causalität. In der That geht dieser Streit bis zur Vernichtung. Denn durch jene unvermittelte Wirksamkeit des höchsten Zwecks wird der Causalität nicht nur ihre Allgemeingiltigkeit abgesprochen, sondern sie wird sogar, wenn man den Begriff consequent faſst, vollständig aufgehoben. Wenn nämlich die Combination der Umstände, welche wir den Weltlauf nennen, in jedem Falle eine unmittelbare Wirkung der Zweckursache ist, so gewinnt innerhalb des Geschehens die Causalität weder Raum noch Zeit, sich zu entfalten: immer werden die Umstände wieder von einer höheren Hand zu einer neuen Bildung zusammengeführt, immer wieder werden die Thatsachen in eine Richtung gelenkt, welche ihnen die Causalität nicht aus eigener Macht gegeben hätte, und so geht alles Geschehen nicht aus der Causalität und nach ihren Gesetzen, sondern aus der in der Art ihrer Wirksamkeit unbegriffenen Zweckursache hervor. Selten freilich ist, wie bei Augustin und Calvin, diese Anschauung auf eine so consequente Spitze getrieben und damit nicht nur der Ursprung der Thätigkeit, sondern alle Thätigkeit selbst in die Gottheit verlegt worden, wodurch denn freilich die ethischen Probleme der Freiheit, Sünde und Verantwortlichkeit sich bis zur Unlösbarkeit verwirrten[1]): selten ist diese Zurückführung alles Geschehens auf die göttliche Zweckthätigkeit, diese Providenz auch für die kleinsten Ereignisse[2]) bis zur Vollständigkeit verfolgt worden: selten ist die Aufhebung der causalen Wirkungen gegenüber der göttlichen Thätigkeit bis zu dem teleologischen Fatalismus gesteigert worden, mit dem der Araber das brennende Haus dem Willen Allah's überläſst, indem er überzeugt ist, daſs es trotz aller menschlichen

---

[1]) Vergl. hierüber Hume. Essays etc. p. 157 ff.
[2]) Vergl. Matthäus 29 v. 30.

Anstrengung je nach der göttlichen Bestimmung doch entweder untergehen oder erhalten bleiben müsse: — aber es war dann auch wieder eine Halbheit, wenn man, fast nach Cicero's trivialem Ausspruch[1]): „Magna di curant parva neglegunt", die unmittelbare Zweckthätigkeit gewissermafsen nur ruckweise eintretend dachte, wodurch dann für die Intervalle ein gewisser Spielraum für die Causalität gewonnen wurde. So gestaltet sich in der Theologie der Begriff der „Zulassung": diese zugelassenen Thatsachen sind solche Strecken, auf denen die göttliche Zweckthätigkeit der Causalität freien Lauf läfst, sodafs sie dann zufällige Ereignisse hervorbringt[2]), bis an einem Puncte, wo die freigelassene Causalität dem Zwecke entgegen zu wirken droht, dieser wieder ordnend und gestaltend eingreift. Consequenter wurde jene wunderbare Zweckthätigkeit als eine ununterbrochene gedacht und damit von dem Verlauf der Thatsachen jede Zufälligkeit fern gehalten: die absolute Teleologie duldet ebenso wenig den auf den Zweck bezogenen Zufallsbegriff, wie der absolute Naturalismus den causalen Zufall. In einer Welt, die ganz und gar von der göttlichen Zweckthätigkeit beherrscht ist, kann es nichts diesem Zwecke Fremdes, nichts Zufälliges geben. In dieser das bangende Herz unendlich beruhigenden Ueberzeugung hat ein ganzes Jahrtausend gelebt: aus dieser Ueberzeugung heraus hat das Mittelalter den bedeutsamen Finger göttlicher Zweckthätigkeit in Ereignissen gesehen, die, ohne diesen Glauben betrachtet, rücksichtlich der Zweckmäfsigkeit den Charakter einer vollkommenen Zufälligkeit an sich tragen. Als ein hervorragendes Beispiel davon können wir das Duell ansehen, dessen ursprüngliche Bedeutung die eines Gottesurtheils ist: die für den Zweck einer rechtlichen Entscheidung ganz äufserlichen und zufälligen Erfolge eines physischen Kampfes wurden, indem man sie auf die göttliche Zweckthätigkeit als auf ihre bewirkende Ursache zurückführte, als der sichtbar gewordene Spruch des Himmels aufgefafst. So gedieh in dem Halbdunkel dieser Weltanschauung der Wunderglaube, und indem derselbe alle Zufälligkeit in

---

[1]) De derum natura II. 66, 167.
[2]) In diesem Sinne wird denn z. B. die Sünde als zugelassen und zufällig betrachtet.

der Welt des Gsschehens aufzuheben meinte, fiel er selbst der Zufälligkeit anheim.

Wenn nun aber die Verknüpfung der Umstände nicht immer als eine zweckmäfsige erscheint, so bleibt auch hier nur der Verweis auf die menschliche Unwissenheit. Selten ziehen sich die Fäden des Lebens in wunderbarer, causal unbegreiflicher Zweckmäfsigkeit zusammen: häufig genug ist es anders. In einer unbegriffenen Gleichgiltigkeit oder gar in einem schmerzlichen Gegensatze zu den Zwecken, welche uns denen der höchsten Macht nicht zu widersprechen scheinen, rollt die Entwickelung der Thatsachen sich lange Zeit vor uns ab, ohne dafs in ihnen die Herrschaft eines Zweckes bemerkbar wäre, und nicht umsonst hören wir um uns her die Klagen, dafs der Zufall, das Vernunftlose, Blinde, Zwecklose der Beherrscher der Welt sei. So wird die absolute Teleologie zu derselben Subjectivität ihres Zufallsbegriffes getrieben, wie der Naturalismus bei dem causalen Zufall: was dort als unbegriffene Ursache, erscheint hier als unbegriffener Zweck, und nach dieser Anschauung nennen die Menschen alles dasjenige zufällig, dessen Zweck sie nicht einsehen, obwohl die göttliche Thätigkeit auch darin ihre Zwecke verfolgt.

Jedoch leidet der ganze Begriff der unmittelbar wirkenden Zweckursache an einem Widerspruche mit dem Princip der Causalität, der bereits angedeutet wurde. Eine solche Zweckthätigkeit kann neben der causalen Nothwendigkeit garnicht gedacht werden. Denn entweder geht sie auf andere Ziele, als der causale Procefs allein hervorbringen würde, und dann mufs sie ihn fortwährend aufheben: oder aber die causale Nothwendigkeit ist eine solche, welche in ihren Resultaten den Zwecken identisch ist, und dann ist jene unmittelbare Wirkung eine überflüssige und wirkungslose. Also hat diese Auffassung nur dann Sinn, wenn der Mechanismus mit einer selbständigen Kraft der Zweckthätigkeit entgegen steht, wenn er, von ihr unabhängig, Wirkungen hervorbringen würde, die dem Zwecke widersprächen. Diese Wirkungen fortwährend zu überwachen und an den nöthigen Puncten das Causalitätsprincip aufzuheben, ist dann die Thätigkeit der wunderbaren Zweckursache: und so kann diese Anschauung den auf den Zweck bezogenen Zufall nur aufheben, indem sie den causalen Zufall statuirt. Es ist interessant hervorzuheben, wie vollständig auch hier die Parallele der absoluten Teleologie mit dem absoluten Naturalismus ist. Dieser hob allerdings jede causale Zufälligkeit auf, aber der ganze Weltlauf wurde ihm eine zwecklose Thatsache; jene hebt die Möglichkeit des teleologischen Zufalls auf, aber nur dadurch, dafs sie den causalen Zufall, das Wunder, einführt. Solange der causale Mechanismus und der teleologische Procefs als Antithese begriffen werden, kann immer nur eins der beiden Principien gelten, und in Rücksicht auf das andre mufs die Zufälligkeit eintreten: deshalb mufs die absolute Teleologie den causalen Zufall behaupten, weil in ihrer Anschauung der Mechanismus garnicht um des Zweckes willen da ist, sondern ihm vielmehr dualistisch gegenübergestellt wird. Sofern wir daher in dem anerkannten Causalmechanismus einen zweckvollen Werth sehen wollen, dürfen wir beide nicht auseinander reifsen, sondern müssen vielmehr annehmen, dafs der gesammte causale Procefs nichts anderes ist, als die Realisirung eines höchsten, ihn bedingenden Zweckes. Wenn dann die causale Nothwendigkeit vollkommen mit der Zwecknothwendigkeit zusammenfällt, wird auch der Zufallsbegriff sich nicht mehr einseitig auf das eine oder das andre Princip des Geschehens beziehen dürfen.

Ehe wir nun untersuchen, wie bei einem solchen Verhältnifs des Mechanismus zum Zweck der Begriff eines Zufalls denkbar ist, wollen wir erwähnen, welche interessante Verschiedenheit für beide Anschauungen in Bezug auf das Verhältnifs von Schuld und Strafe oder Sühne sich herausstellt, wie dies Verhältnifs namentlich für die Tragödie von Bedeutung ist. Mochte sich eine frühere Zeit damit begnügen, dafs auf die Schuld durch die Einwirkung höherer unbegreiflicher Mächte die Katastrophe und die Sühne folgte, mochte daher das Princip der griechischen Tragödie das Fatum sein, dessen unerbittliche Macht mit dem Gehalt der sittlichen Zwecknothwendigkeit getränkt war, so genügt es uns nicht mehr, zu sehen, wie durch das, was wir causal einen Zufall nennen, die sittlichen Zwecke erreicht werden, nicht mehr, zu sehen, wie eine ewige Gerechtigkeit das ethische Gesetz durch den Zufall als deus ex machina zur Geltung bringt. Wir wollen vielmehr dargestellt wissen, wie die tragische Schuld durch die rein natürlichen Consequenzen ihres factischen Inhalts und durch die in ihr selbst liegenden Kräfte des Wirkens die Katastrophe herbeiführt, und so verlangen wir, dafs uns die Tragödie darstellt, was nach unserer Ueberzeugung den tiefsten Kern alles Daseins bildet, dafs nämlich dasjenige, was eine sittliche Nothwendigkeit des Sollens fordert, durch eine natürliche Nothwendigkeit des Müssens realisirt wird. Kaum will es uns genügen, wie G. Freytag[1]) an „Romeo und Julia" gezeigt hat, wenn uns das Furchtbare der Situation so zum Bewufstsein gebracht wird, dafs wir einen unglücklichen Zufall für das Wahrscheinliche halten. Man nennt eine solche Forderung der streng nothwendigen Composition gern modernen Realismus: es ist der Realismus, der die Idee realisirt wissen will, und die Idee realisirt sich nur als Nothwendigkeit. Indem so die moderne Tragödie darauf gerichtet ist, den causalen Zufall und den Zweckzufall zu gleicher Zeit zu verbannen, stellt sie als das wahre Wesen alles Geschehens eine Welt dar, in der das Naturgesetz nur die Realisirung des Sittengesetzes ist: man könnte sie eine Mechanik des Sittengesetzes nennen.

Wird nun in einer ganz analogen Weise der gesammte Mechanismus des Geschehens als die Realisirung des schöpferischen Zweckgedankens aufgefafst, werden die metaphysischen Grundbegriffe in einer solchen Beziehung gedacht, dafs die Zwecknothwendigkeit sich von ihrer phänomenalen Seite als die causale Nothwendigkeit darstellt, so bleibt in einer solchen Weltanschauung nur eine Stelle für den Begriff des Zufalls, und zwar selbstverständlich auf der phänomenalen Seite. Denn indem die Causalität für dasjenige Princip erklärt wird, durch welches allein der Zweckgedanke sich verwirklicht, wird dadurch alles Geschehen der absoluten Giltigkeit des Satzes vom Grunde unterworfen und die causale Zufälligkeit undenkbar gemacht; und indem die gesammten Combinationen des Geschehens als durch den Zweck gesetzt begriffen werden, ist damit auch für den Verlauf der Thatsachen die auf den zweckmäfsigen Werth bezogene Zufälligkeit ausgeschlossen. Aber indem der Zweck den causalen Procefs hervorruft, könnte es möglich sein, dafs der letztere in seiner unvermeidlichen Nothwendigkeit gewisse Wirkungen hervor-

---

[1]) Technik des Drama's. p. 28 ff. vergl. p. 264.

brächte, die mit dem Zweck gar nichts zu thun hätten und, ohne beeinträchtigenden Einflufs, neben dem der Zweckthätigkeit dienenden Mechanismus her liefen: und so wären in der Wechselwirkung der den Zweck vollziehenden Thätigkeiten Nebenerfolge denkbar, die aus der causalen Nothwendigkeit entsprängen und zu dem Zwecke selbst gar keine Beziehungen hätten. Daher sagt Lotze[1]): „Uebertragen auf den Naturlauf, dadurch, dafs wir ihm einen absichtlichen Plan seines Zusammenhanges unterlegen, bedeutet zufällig Alles, was nicht als Naturzweck, sondern als unvermeidliche Consequenz der Mittel und Gesetze gilt, mit denen die Natur in jedem Augenblicke verfährt." In diesem Sinne geschieht das Zufällige, wie Aristoteles es ausdrückt, $\pi\alpha\varrho\grave{\alpha}$ $\varphi\acute{v}\sigma\iota\nu$ [2]) „neben der Natur her" und gewissermafsen als das, was er $\pi\alpha\varrho\alpha\varphi\nu\acute{\alpha}\varsigma$ [3]) nennt, als Nebenschössling, den die Natur wie in überquellender Kraftfülle neben der organischen Entfaltung ihrer Zweckthätigkeit in blinder Causalnothwendigkeit hervortreibt. So ist das Zufällige das, was die Natur in dem Reichthum ihrer Gestaltungskraft an dem Wege ihrer Thätigkeit nebenher streut — Späne gleichsam, wie sie abfallen, wenn des Künstlers Hand aus dem an sich werthlosen Material die vollendete Gestalt seiner zweckthätigen, schöpferischen Phantasie bildet.

Doch zieht sich auch dieser Begriff wieder in engere Grenzen zusammen, wie sie in jener angeführten Definition durch die Restriction „in jedem Augenblick" angedeutet sind. Sollen wir nämlich den gesammten Causalprocefs nur als ein Mittel betrachten, welches der schöpferische Zweckgedanke nicht als ein Fremdes vorgefunden, sondern aus seinem eigenen Wesen heraus gesetzt hat, um sich darin zu realisiren, wie soll es möglich sein, dafs dieser Causalprocefs Nebenwirkungen hervorbrächte, die mit jenem Zwecke in gar keiner Verbindung ständen, da doch eben dieser Causalprocefs in seinem ganzen Verlaufe durch den teleologischen Procefs bedingt sein soll? Sollte jener schöpferische Gedanke sich in einer von ihm nicht vollständig beherrschten Causalität ausgedrückt haben? Was in der Natur als Nebenschöfsling hervorgebracht

---

[1]) Mikrokosmus III. p. 551. Vergl. Metaphysik p. 124 f.
[2]) Phys. II. 6.
[3]) Ethic. Nicom. I. 4. p. 1096, 20. ed. Becker p. 6.

wird, das bleibt nicht wirkungslos, wie die abfallenden Späne bei der einzelnen Arbeit, und so würde dasjenige, was durch den Zweck nicht bestimmt ist, doch eine bestimmende Gewalt auf den Gesammtverlauf des Geschehens ausüben. Daher bedeutet dieser Zufallsbegriff die Nebenwirkungen der Causalität nur für die Realisirung der einzelnen Zwecke, welche die Natur in jedem Augenblicke verfolgt, und wir müssen annehmen, dafs, was in Rücksicht auf diesen einzelnen Zweck zufällig genannt werden müfste, von der Natur immer wieder in den Procefs ihrer Gesammtthätigkeit aufgenommen wird und seinen Beitrag zu der Realisirung der Zwecke liefert, um derentwillen die ganze Causalität, aus der es hervorgeht, allein vorhanden ist. Die Natur kennt nichts Werthloses.

So erscheint der Zufall auch auf dieser Stufe als ein Phänomen der auf das Einzelne gerichteten menschlichen Betrachtung. Wer es vermöchte, in concreter Bestimmtheit und in alle Verzweigungen bis in's Einzelne hinein die Subordination zu erfassen, durch welche der Mechanismus der Teleologie dient, der würde vielleicht zu einer vollkommenen Aufhebung des Zufallsbegriffs dringen, die für uns nur ein Postulat bleiben mufs.

## IV. Zufall und Begriff.

Unsere Kritik der hauptsächlichsten metaphysischen Gesichtspunkte, unter denen der Zufall betrachtet werden kann, läfst sich dahin zusammenfassen, dafs alle die verschiedenen Bestimmungen des Begriffs, welche unsere Untersuchung durchlaufen hat, demselben nirgends eine absolute metaphysische Giltigkeit gewähren können. Anerkannt werden konnten nur diejenigen Beziehungen des Begriffs, durch welche er ausdrücklich nur eine einzelne Thatsache in Rücksicht auf eine einzelne andere oder auf ein einzelnes Gesetz oder auf eine einzelne Zweckthätigkeit betrachten soll: überall demnach mufste der Begriff auf die einzelne Betrachtung beschränkt werden. Wo er dagegen in ein metaphysisches Realprincip übergehen sollte, erwies es sich als ein subjectives Phänomen, als ein Mangel der Erkenntnifs, welche die Gesammtheit des Geschehens nicht zu überblicken vermag.

Somit ist der Zufall in allen Fällen ein Princip unserer Betrachtung, nicht ein Princip des Geschehens: er ist eine Anschauungsweise des Einzelnen, sofern es in irgend einer Weise vom Allgemeinen getrennt wird, und enthüllt sich immer als eine Täuschung, wo er auf dies Allgemeine selbst als Realprincip angewendet werden soll. Dies Ergebnifs führt uns dazu, die eigentliche Bedeutung des in Rede stehenden Begriffes in dem logischen Verhältnifs des Allgemeinen und des Besondern zu suchen und nachzuforschen, ob nicht vielleicht das Zufällige als ein Moment nur der Begriffsbildung sich seine eigenen Grenzen zieht.

Vielleicht nirgends in der Logik spielt das Zufällige eine so grofse Rolle, als bei Aristoteles. Ueberall in seinen Grundbestimmungen finden wir die Entgegensetzung von καθ' αὐτό und κατὰ συμβεβηκός, überall bedeutet das erstere das Allgemeine und das letztere das nur im einzelnen Fall Giltige: meistens bei allgemeinen Urtheilen findet sich die Restriction πλὴν κατὰ συμβεβηκός. So führt er auch überall, wo der Begriff des συμβεβηκός entwickelt werden soll, die Beispiele an, dafs es dem Menschen zufällig sei, gebildet oder weifs oder ein Baumeister zu sein[1]): selbst da, wo er den metaphysischteleologischen Charakter des Zufallsbegriffs vortragen will[2]), geht er von dieser Bestimmung des Begriffs, von denselben Beispielen aus, indem sich allerdings sagen läfst, dafs das Nebenerzeugnifs einer Zweckthätigkeit auch in keiner allgemeinen und nothwendigen Verknüpfung mit derselben steht. Die rein logische Definition dieses Verhältnisses giebt er Analyt. post. I, 4, 4: Was in der Definition einer Sache enthalten ist, kommt ihr allgemein und nothwendig zu und ist das καθ' αὐτό, das per se, das „an sich": was dagegen in der Definition nicht enthalten ist, gehört in das Reich des συμβεβηκός, der Nebenbestimmtheit, des Zufälligen. Da nun die Definition das Bestimmte ist, das Zufällige aber in ihr nicht mitbestimmt ist, so ist das Zufällige selbst das Unbestimmte[3]) (ἀόριστον) und stammt aus der unbestimmten Mög-

---

[1]) Vergl. z. B. Metaphys. ed. Brandis III. p. 71 f. und V. p. 124 ff. und Ethic. Nicom I. 4.
[2]) Phys. II. 3. ed. Brandis p. 25.
[3]) Phys. II. 5 u. 6. Vergl. Metaphys. III. p. 71: ἀδύνατον ἄπειρα γ' ὄντα τὰ συμβεβηκότα διελθεῖν.

lichkeit, aus der ὕλη¹). Und während das immer und in allen Fällen Nothwendige die οὐσία, das Wesen ist, können nur die wechselnden, entstehenden und vergehenden Verhältnisse das Zufällige sein²). Daher ist der Zufall das Wesenlose, das Unwesentliche³). So stellt sich neben das causal Zufällige und das teleologisch Zufällige ein dritter Begriff: das logisch Zufällige: und hier scheint uns die eigentliche Heimath auch der beiden andern zu suchen. Im rein logischen Sinne nämlich werden die besonderen Merkmale zufällig genannt, aber auch nicht an sich, sondern nur in Rücksicht auf den Allgemeinbegriff, in dessen Definition sie nicht enthalten sind. Für den einzelnen Begriff dagegen sind auch logisch alle Merkmale gleich nothwendig. Wenn daher gesagt wird, für den Menschen sei es gleichgiltig und zufällig, ob ihm der Begriff weifs zukomme oder nicht, so gilt dies nur für den allgemeinen Begriff des Menschen, niemals für das einzelne Exemplar des Begriffs: vielmehr bilden für jedes einzelne sämmtliche Merkmale die nothwendigen Bestandtheile seines Begriffs, da dieser Begriff des Einzelnen erst durch die Summe aller Merkmale zur Vollständigkeit gebracht wird. In der realen Welt aber existiren nur die den Einzelbegriffen entsprechenden Wesen oder Thatsachen, und daher gilt auch die logische Zufälligkeit nur in Rücksicht auf einen Allgemeinbegriff unserer Erkenntnifs. Deshalb hat die Zufälligkeit keinen realen und keinen metaphysischen Werth: nur indem wir in unserm Procefs der Begriffsbildung das gemeinschaftliche Merkmal einer Gruppe von Erscheinungen als ihren allgemeinen Gattungsbegriff zusammenfassen, erscheinen diesem Gattungsbegriff gegenüber die besonderen Merkmale jedes einzelnen Begriffs, obwohl sie dessen nothwendige Bestandtheile bilden, als zufällig. Die Zufälligkeit existirt daher erst in der Abstraction: erst wenn diese das Gemeinsame aus einer Reihe

---

¹) Metaphys. V. p. 125: ὥστε ἔσται ἡ ὕλη αἰτία ἡ ἐνδεχομένη παρα τὸ ὡς ἐπιτοπολὺ τοῦ συμβεβηκότος.

²) Vergl. Metaph. III. p. 71: τὸ συμβεβηκὸς οὐ συμβεβηκότι συμβεβηκός. Ganz ähnlich bildet sich die vierte Kategorie der Stoiker τὰ πρός τί πως ἔχοντα. Vergl. Ritter. Geschichte der Philosophie III. p. 557 ff.

³) Vergl. Rosenkranz. Wissenschaft der logischen Idee I. 358: „das Unwesentliche fällt in die zufälligen Relationen des eigentlichen Dinges".

von Gegenständen als deren Allgemeinbegriff aufgefaſst hat, wird der Rest von Merkmalen, den jeder einzelne Gegenstand besitzt, zufällig und dasjenige, was in allen Fällen immer erfüllt ist[1]), das „An-sich-nothwendige", τὸ καϑ᾽ αὑτό, genannt, dann erst erscheinen die besondern Merkmale als das unbestimmt Mögliche: in Wahrheit aber sind sie für jeden Fall bestimmt, und unbestimmt nur in Rücksicht auf die dem Allgemeinbegriff zugewendete Betrachtung.

Es ist nun klar, daſs in gleicher Weise nur immer in Beziehung auf einen Allgemeinbegriff die einzelnen Fälle eines Gesetzes und die Wirksamkeit der innerhalb constanter Bedingungen variirenden Ursachen als zufällig betrachtet werden müssen, da die besondere Bestimmtheit jedes Falles in dem Begriffe des Gesetzes oder der constanten Bedingungen nicht enthalten ist[2]): und da die Wissenschaft nur mit den allgemeinen Begriffen rechnen kann, so sind für sie die einzelnen Fälle unbestimmt, so bestimmt sie auch in der Wirklichkeit d. h. causal sind, und daher ist das Zufällige das Unberechenbare. Deſshalb sagt Aristoteles: ὅτι δ' ἐπιστήμη οὐκ ἐστὶ τοῦ συμβεβηκότος φανερόν· ἐπιστήμη γὰρ πᾶσα ἢ τοῦ ἀεὶ ἢ τοῦ ἐπιτοπολύ[3]). Von hier aus fällt auch erst das rechte Licht auf den Begriff des relativen Zufalls: jene Nothwendigkeit der Verknüpfung, die wir bei zwei Thatsachen vermissen, ist nicht die causale, sondern nur die logische, die Allgemeinheit. In dem Begriff der einen Thatsache ist das Eintreten der andern nicht enthalten, und daher war die Verbindung ein logisch zufälliges Nebenmerkmal: aber für den einzelnen speciellen Fall, der durch die gesammten Umstände characterisirt ist, war diese Verknüpfung eine zumal in causaler Beziehung vollkommen nothwendige. Die Zufälligkeit durfte sich daher garnicht auf die einzelne Thatsache selbst, sondern nur auf deren Allgemeinbegriff beziehen, in welchem die individuelle Bestimmtheit des gerade beobachteten Ereignisses

---

[1]) Vergl. Aristoteles phys. II, 5 p. 28: ἐπειδὴ ὁρῶμεν τὰ μὲν ἀεὶ ὡσαύτως γιγνόμενα, τὰ δὲ ὡς ἐπὶ πολύ, φανερὸν ὅτι οὐδετέρων τούτων αἰτία ἡ τύχη λέγεται οὐδὲ τὸ ἀπὸ τύχης οὔτε τοῦ ἐξ ἀνάγκης καὶ ἀεὶ οὔτε τοῦ ὡς ἐπὶ πολύ. Daher ist das Wechselnde, das Entstehende und Vergehende, das Zufällige: vergl. de generatione et corruptione II. cap. 9. 10.
[2]) Vergl. Rosenkranz. Wissenschaft der logischen Idee I. p. 370 und ferner II. p. 17: „Das Zusammentreffen des Mannichfaltigen ist ohne Begriff."
[3]) Metaphs. ed. Brandis V. p. 136.

nicht enthalten sein und welcher daher auch ohne diese besondern Umstände gedacht werden konnte. Aber er konnte in diesem Falle nicht ohne diese besondern Umstände sein: denn diese Umstände folgten aus der ganzen Lage der Dinge mit derselben unvermeidlichen Nothwendigkeit, mit welcher jede der Thatsachen aus ihrer Ursache hervorging. Z. B. der Fall eines Steins, der einen Menschen trifft, wird nicht als dieser Fall dieses Steins betrachtet, wenn man sagt, er habe den Menschen zufällig getroffen, sondern vielmehr als Fall eines Steines überhaupt, und in diesem Begriff lag es allerdings nicht, dafs er den Menschen treffen mufste. Bekanntlich ist es unserer Sprache unmöglich, auch dasjenige, was ganz sinnlich concret vorgestellt worden ist, anders, als durch Allgemeinbegriffe zu denken und auszudrücken: und so entsteht diese Verwechselung des concreten Falles mit seinem Allgemeinbegriff, aus dem der Zufallsbegriff hervorgeht. Je weiter die logische Betrachtung den Allgemeinbegriff und die besondern Merkmale aus einander reifst, desto mehr müssen ihr die Nebenmerkmale als zufällig erscheinen. Die Natur widerlegt sie: nirgends in ihr tritt das „An-sich-nothwendige", tritt der Allgemeinbegriff allein auf; immer ist er in inniger Verbindung mit den sogenannten Nebenmerkmalen, mit denen vereinigt er erst das einzelne Ereignifs gestaltet. Selbst dieser Ausdruck „Nebenmerkmale" hat immer nur Werth und Bedeutung in Rücksicht auf einen Allgemeinbegriff, der andrerseits als das Nebenmerkmal seiner eignen Nebenmerkmale auftreten kann [1]: denn jeder Einzelbegriff ist die Einheit einer Summe von Allgemeinbegriffen. Nicht anders ist es mit den in der Hervorbringung der Ereignisse zusammenwirkenden Ursachen, die in wechselnder Beziehung auf einander zufällig genannt werden, und sehr richtig bemerkt Quételet [2] bei der Aufzählung aller die Sterblichkeit bedingenden Ursachen, dafs erst die variirende Verbindung aller dieser Umstände das Wechselvolle und Interessevolle der Ereignisse ausmacht.

Allein der Begriff des $\varkappa\alpha\vartheta'\,\alpha\dot{\upsilon}\tau\dot{o}$ hat noch viel ärgeres Unheil angerichtet, indem er aus der logischen Allgemeinheit

---

[1] Darauf beruht die Möglichkeit der Umkehrung von Urtheilen, wie folgende: Einige Rosen haben das Nebenmerkmal, roth zu sein, sind zufällig roth. — Einiges Rothe hat das Nebenmerkmal, eine Rose zu sein, ist zufällig eine Rose.
[2] Lettres sur la théorie des probabilités p. 212.

in die unbedingte causale Nothwendigkeit, in die metaphysische Aseität überging. Während nämlich die zufälligen Nebenbedingungen als dasjenige aufgefaſst wurden, was nur unter gewissen Bedingungen eintritt, sah man den Allgemeinbegriff als das bedingungslos Giltige an, wobei man nur die eine Bedingung vergaſs, daſs etwas unter diesen Allgemeinbegriff Gehörige überhaupt vorhanden sein muſs, daſs also die Gilkeit desselben immer erst von einem Sein abhängt: und indem man das Sein selbst als den höchsten Allgemeinbegriff logisch als das Bedingungslose und zugleich als das Nothwendige auffaſste, kam man durch diesen Sprung aus dem logischen in das causale Princip zu dem metaphysischen Begriffe einer unbedingten Nothwendigkeit — einer Nothwendigkeit des Seins, die durch den bloſsen Begriff gegeben sei. Dies ontologische Paradoxon lehrte die Scholastik und stützte zugleich darauf in einer Schluſsweise von dem Zufälligen als dem bedingt Nothwendigen auf das unbedingt Nothwendige ihren kosmologischen Beweis vom Dasein oder vielmehr von der Nothwendigkeit des Daseins Gottes. In der neueren Philosophie hat sich dieser Begriff der sogenannten absoluten Nothwendigkeit in der cartesianischen Richtung erhalten. Cartesius selbst sagt [1]: „In der Idee oder dem Begriff jedes Wesens liegt die Existenz: in dem Begriff eines begrenzten Wesens liegt dieselbe als möglich oder zufällig, sie liegt als nothwendig und vollkommen in dem Begriff des vollkommensten Wesens." Der ganze Spinozismus ist nichts Anderes, als die Ausführung dieses Begriffes einer im Wesen enthaltenen und durch die Definition gegebenen Nothwendigkeit des Seins: denn der Substanzbegriff der causa sui ist diese Vereinigung der Unbedingtheit mit der causalen Nothwendigkeit [2]. Derselbe Begriff der unbedingten Nothwendigkeit spielt in der Wolf'schen Philosophie eine groſse Rolle. Hier treten die Begriffe der absoluten und der hypothetischen Nothwendigkeit klar aus einander [3]: „ens necessarium est, cuius existentia absolute necessaria, contingens, quod rationem existentiae suae extra se habet," und: „entis contingentis existentia non nisi

---

[1] Betrachtungen über die Metaphysik im geometrischen Abriſs. Grundsätze oder Gemeinbegriffe. X. Deutsch von Kuno Fischer. p. 158.
[2] Vergl. bes. Ethik I. prop. 8. schol. 2 a E.
[3] Ontologie § 309 f. und § 316.

hypothetice necessaria est." Daher ist denn auch der gesammte connexus causalis, als aus lauter zufälligen Elementen zusammengesetzt, selber zufällig [1]), und in Folge dessen ist die ganze Welt mit allen ihren Begebenheiten zufällig, wie der Gang einer Uhr, die auch anders hätte gestellt werden können [2]). Wunderbarer Weise aber finden wir dieselbe Begriffsverwirrung auch bei Kant. Auch er definirt [3]) die Nothwendigkeit als „die Existenz, die durch die Möglichkeit selbst gegeben ist": und diese Möglichkeit, die von selbst, also ohne causale Bedingtheit, zur Existenz führt, kann demnach keine andre sein, als der Begriff. Aus demselben Grunde definirt er nun das Zufällige geradezu als das causal Bedingte [4]): „Das Bedingte im Dasein überhaupt heifst zufällig und das Unbedingte nothwendig" und ähnlich [5]): „Wenn man das Dasein gewisser Dinge oder auch gewisser Formen der Dinge als zufällig, mithin nur durch etwas Anderes als Ursache möglich, annimmt —". Schopenhauer, der diese Kantische Verwechselung des Nothwendigen und Zufälligen einer näheren Kritik unterzogen hat [6]), führt noch eine ganze Reihe von Stellen aus der Kritik der reinen Vernunft an, die alle denselben Sprachgebrauch zeigen, und wir können den Grund einer solchen Verwechselung nur in der Gewohnheit der deutschen Philosophie suchen, in welcher Kant diesen Begriff einer unbedingten Nothwendigkeit beibehielt — widersprechend seinem eignen Causalitätsprincip und der grofsen Lehre, dafs das Sein kein Merkmal des Begriffs, sondern nur eine Art der Setzung sei. Auch bei Hegel tritt die Idee als absolute Nothwendigkeit auf, und wenn auch die Idee den Zweck in sich trägt, so wird sie doch auch zu einer Existenznothwendigkeit des Begriffs, dem ganz wie bei Kant die bedingte Nothwendigkeit des Geschehens entgegengesetzt ist [7]). Die ganze Verwirrung aber der Begriffe des Zufälligen und Noth-

---

[1]) Ontologie § 323.
[2]) Vernünftige Gedanken etc. § 563—577. Vergl. Platner. Philosophische Aphorismen I. § 880.
[3]) Kritik der reinen Vernunft. Werke II. p. 114.
[4]) ibid. p. 339.
[5]) Kritik der Urtheilskraft. Werke VII. p. 332.
[6]) Kritik der Kantischen Philosophie p. 562 ff.
[7]) Vergl. Encyclopädie § 248. Werke VII, 1, 31: „— die Zufälligkeit die äufsere Nothwendigkeit, nicht die innerliche Nothwendigkeit des Begriffs." Vergl. Rosenkranz, Wissenschaft der logischen Idee. I. p. 324.

wendigen durch die Fiction der absoluten Nothwendigkeit möchte darauf zurückzuführen sein, dafs man das letzte Resultat alles Denkens, das Unbedingte, mit einem inneren, ihm selbst zukommenden Werthe erfüllen wollte und dafs man, statt diesen Werth als einen Alles bedingenden Zweck zu begreifen, ihm durch das Prädicat der Nothwendigkeit jeden zufälligen Beigeschmack zu nehmen bemüht war.

Aufser diesem Uebergang der logischen in die Causal-Nothwendigkeit finden wir nun auch eine Uebertragung der logischen Zufälligkeit auf das Teleologische in dem Verhältnifs des Individuums zur Gattung, sofern diese als der allgemeine Zweck betrachtet wird, der sich in den Exemplaren realisirt. So sagt Platner[1]: „Zufällig ist alles das, dessen Möglichkeit, nicht aber Wirklichkeit gegründet ist in dem **Begriff oder Geschlecht eines Dinges**" — eine Definition, in welcher die Verwechselung des Einzelbegriffes mit dem Gattungsbegriffe, unter den er gehört, recht deutlich ist. In diesem Sinn erscheint nun das Zufällige als der Differenzpunct zwischen Gattung und Individuum, indem in jedem einzelnen Exemplare der Begriff der Gattung mit Nebenmerkmalen versetzt ist, welche das Characteristische eben dieses Individuums ausmachen. Die Exemplare verhalten sich zur Gattung, wie die Fälle des Gesetzes zu diesem selbst. Und indem nur das Allgemeine, das immer Giltige, als das allein Werthvolle, Gesetzmäfsige und zu Recht Bestehende, die specifischen Differenzen dagegen als das wechselvoll Zufällige und Werthlose betrachtet werden, indem so das Individuum zu diesem einzigen, von allen andern auch seiner Gattung verschiedenen Einzelwesen erst durch etwas Zufälliges wird, das dem Zweck der Gattung äufserlich, werthlos und nur von causaler Bedingtheit ist, so trägt das Individuum in dieser seiner Zufälligkeit das Schicksal der Vergänglichkeit und die Nothwendigkeit des Unterganges in sich. Die Idee besteht, die Individuen vergehen. Diese Lehre, in der sich die logische Abstraction der Zufälligkeit mit dem teleologischen Gattungsbegriff zu einem metaphysischen Princip verbinden will, findet sich in dunkler Andeutung schon bei den ältesten griechischen Philosophen, bei Anaximander[2] und Hera-

---

[1] Philosophische Aphorismen I. § 868.
[2] Vergl. die oft angeführte Stelle bei Simpl. phys. fol. 6 a: ἐξ ὧν δὲ

dit¹): der Untergang des Individuums wird wie eine Vergeltung dafür aufgefaſst, daſs der Gattungsbegriff in die besondre Gestaltung der zufälligen Nebenbestimmtheit eingegangen ist. Auch die platonische Ideenlehre leistet dieser Anschauung Vorschub, indem nach ihr das Einzelne, Sinnliche den Ideen nur ähnlich, nie aber gleich ist. In der neueren Philosophie ist diese Auffassung bei Hegel die leitende für das Verhältniſs des Individuums zur Gattung gewesen: für ihn üben eben diese zufälligen Nebenbestimmtheiten auf den Gattungscharacter einen gewissermaſsen trübenden Einfluſs aus, der den vollen Gattungszweck in keinem Exemplar zur Wirklichkeit kommen läſst. Daher ist jedes Individuum der Gattung unangemessen²), und „diese seine Unangemessenheit zur Allgemeinheit ist seine ursprüngliche Krankheit und der angeborene Keim seines Todes"³). So wäre also mit der Zufälligkeit, mit der Unangemessenheit zur Gattung das Mysterium des Todes enthüllt. Mit Recht hat dieser Anschauung gegenüber Trendelenburg⁴) darauf hingewiesen, daſs eine solche Feindschaft zwischen Gattung und Exemplar in der Natur nicht besteht, daſs vielmehr die zweckthätige Kraft in jeder einzelnen Gestaltung vollkommen gegenwärtig ist. In ihrer Verbindung mit den besonderen Bestimmtheiten verliert die Gattungsidee ebensowenig sich selbst, als das Naturgesetz eine Beeinträchtigung erleidet, wenn es sich in besonderen räumlich-zeitlichen Verhältnissen darstellt. Allerdings können beide durch andre Thätigkeiten eine Hemmung erleiden, aber diese betrifft nur ihre Wirksamkeit und macht die wirkenden Kräfte latent. Wir müssen daran festhalten, daſs die Gattungsidee selbst nichts Anderes ist, als eine gemeinschaftliche Wirkungsart der Kräfte, welche in dem ganzen Reich der Exemplare thätig ist, und daſs sie daher von ihren einzelnen Realisirungen einzig und allein durch eine Abstraction zu trennen ist, welche aber nicht das Recht hat, die Theile ihrer Unterscheidung in einer realen Geschiedenheit

$\gamma\acute{\epsilon}\nu\epsilon\sigma\acute{\iota}\varsigma$ $\acute{\epsilon}\sigma\tau\iota$ $\tau o\~{\iota}\varsigma$ $o\~{\upsilon}\sigma\iota$, $\varkappa\alpha\grave{\iota}$ $\tau\grave{\eta}\nu$ $\varphi\vartheta o\rho\grave{\alpha}\nu$ $\epsilon\acute{\iota}\varsigma$ $\tau\alpha\~{\upsilon}\tau\alpha$ $\gamma\acute{\iota}\gamma\nu\epsilon\sigma\vartheta\alpha\iota$ $\varkappa\alpha\tau\grave{\alpha}$ $\tau\grave{o}$ $\chi\rho\epsilon\acute{\omega}\nu\cdot$ $\delta\iota\delta\acute{o}\nu\alpha\iota$ $\gamma\grave{\alpha}\rho$ $\alpha\grave{\upsilon}\tau\grave{\alpha}$ $\tau\acute{\iota}\sigma\iota\nu$ $\varkappa\alpha\grave{\iota}$ $\delta\acute{\iota}\varkappa\eta\nu$ $\tau\~{\eta}\varsigma$ $\grave{\alpha}\delta\iota\varkappa\acute{\iota}\alpha\varsigma$.
¹) Derselbe Begriff der *Δίκη*. Vergl. Lassalle, die Philosophie Heracleitos des Dunkeln I. p. 874 ff.
²) Encyclopädie § 374. Werke VII, 1. p. 689.
³) ibid. § 375. Werke VII. 1. p. 691.
⁴) Logische Untersuchungen I. p. 55.

oder gar in einem Gegensatze zu denken. Es ist auch garnicht abzusehen, wie wir zur Erfassung einer solchen Gattungsidee kommen sollten, wenn dieselbe in der gesammten Wirklichkeit nirgends ganz vorhanden wäre, es sei denn durch eine unberechtigte Willkür des Denkens: und so muſs die Hegel'sche Gattungsidee, die nie zu ihrer Wirklichkeit gelangt, — um einen Hegel'schen[1] Vergleich anzuwenden — an den Mann erinnern, der, während er Kirschen, Birnen, Trauben u. s. w. ausschlägt, fortwährend nach Obst schreit.

Wie also das Naturgesetz in allen seinen Wirkungen mit ungetheilter Vollständigkeit gegenwärtig ist, so durchdringt auch die Gattungsidee jede ihrer Gestaltungen mit ihrer ganzen Thätigkeit: nur für die Betrachtung, die auf die einzelnen Aeuſserlichkeiten gerichtet ist, mag sich dieser allgemeine Character ebenso verdunkeln, wie das Naturgesetz, das darum doch nicht weniger wirksam ist. Diese Verdunkelung nun, welche durch die auf das rein Individuelle gerichtete Betrachtung hervorgerufen wird, aufzuheben, ist die Aufgabe einerseits der Wissenschaft, welche durch die Erkenntniſs das Besondere als getragen von dem Allgemeinen darstellt, andrerseits aber der Kunst, in deren Anschauung das Individuelle zur lebensvollen Allgemeinheit verklärt wird. Gleich einseitig ist für sie die materialistische Darstellung bloſs individueller Gebilde und die schematische Skizzirung vager Allgemeinheiten: vielmehr soll sie auf allen Puncten zur Anschauung bringen, wie das Allgemeine das Besondere durchdringt und in ihm erst zur lebensvollen Gestaltung kommt: und indem in ihr alles Besondre nur die Lebensform des Allgemeinen und somit jedes Individuum die zur Gestalt gewordene Gattung ist, lösen sich die zufälligen Bestimmtheiten in den allgemeinen Werth, in den zweckmäſsigen Organismus auf. Darum sagt Schiller vom Kunstwerk, daſs es „jeden Zeugen menschlicher Bedürftigkeit ausgestoſsen" habe: denn diese menschliche Bedürftigkeit ist das Haften am Besondern und das Nichtverstehen der innigen Lebensgemeinschaft, in der das Allgemeine mit dem Besondern verbunden ist.

---

[1] Encyclopädie § 13. Werke VI. p. 21.

Es ist nun endlich dies logische Verhältnifs der Gattung zum Exemplar dasjenige, in welchem die Hegel'sche Idee überhaupt zu ihrer Realisirung in der Natur steht. Auch die Idee kommt nach ihm in der Natur nicht zu ihrer vollständigen Wirklichkeit: die Natur ist vielmehr ebenso der Abfall von der Idee,[1]) wie das Individuum ein Abfall von seinem Gattungsbegriff ist, und die Natur ist ohnmächtig und zu schwach[2]), die Begriffsbestimmungen nur abstract zu erhalten: defshalb ist sie das Reich der Zufälligkeit, der Möglichkeit, die auch anders sein könnte. Hiergegen mufs geltend gemacht werden, wie die Macht der Natur gerade darin besteht, dafs das Allgemeine das Besondere durchdringt und durchlebt, und wir können nur eine Willkür der Abstraction darin sehen, wenn, weil unser begriffliches Denken es vermag, das Allgemeine vom Besondern zu trennen, an die Natur die Forderung derselben Trennung gestellt und von ihr verlangt wird, dafs auch sie „die Begriffsbestimmungen nur abstract erhalte." Wenn daher in dieser Lehre die Zufälligkeit als das Vernunftlose, als das alogische Moment[3]) bezeichnet wird, so scheint uns vielmehr in der Natur nicht das Vernunftlose, sondern das Abstractionslose enthalten zu sein. Die natürlichen Gebilde sind das absolut Concrete, das nur in der menschlichen Abstraction in seine Elemente zersetzt und auf diese Weise aus der ursprünglichen Verbundenheit herausgerissen wird, in der sein wahrer und realer Character besteht: nur in der Entzweiung, welche die Abstraction in die Realität hineinbringen mufs, laufen diese concreten Gebilde in eine unübersehbare Zufälligkeit aus einander.

---

Ueberall, wo durch das menschliche Denken das Allgemeine und das Besondre aus einander gerissen werden, entsteht das Phänomen der Zufälligkeit: die reale Welt als

---

[1]) Encyclopädie §. 248. Werke VII. 1, 28.
[2]) ibid. §. 250 p. 37 und §. 370 p. 651.
[3]) Vergl. Rosenkranz, Wissenschaft der logischen Idee II, 433: „Diese Existenz des Begriffs der Idee als durch ihn objectiv bestimmte Realität ist die Natur, welche mithin die Vernunft in sich aufhebt, aber durch ihre Aeufserlichkeit in Raum und Zeit zur Nothwendigkeit der Vernunft ein alogisches Moment, den Zufall, hinzubringt.

die vollkommene Identität des Allgemeinen und des Besondern kennt nur die innige Einheit einer gemeinschaftlichen Wirksamkeit, in der Alles, wie es darin seinen Grund der Entstehung hat, auch seine werthvolle Verwendung findet. Wenn nun aber diese reale Identität des Allgemeinen und des Besonderen als ein denknothwendiges Postulat aufgestellt werden muſs, so ist doch die menschliche Vernunft weit davon entfernt, demselben vollkommen zu genügen: vielmehr ist es durch die abstrahirende Natur ihres Denkprocesses geboten, daſs sie gerade überall von der Scheidung des Allgemeinen und des Besondern ausgehen muſs, und erst ihre höchsten Thätigkeiten führen in einer wachsenden Annäherung zu jener Identität als zu ihrem Ideale zurück.

Allerdings beginnt die Wissenschaft mit dem Aufsuchen desjenigen, was in einer Gruppe von Erscheinungen das gemeinschaftliche Merkmal derselben bildet: aber in ihrem System erscheint das Einzelne nicht ausgeschlossen oder einer willkürlichen Regellosigkeit preisgegeben, vielmehr stellt sie gerade das Einzelne als ein concretum dar, als ein „Zusammengewachsenes" aus den gesetzmäſsigen Wirkungen des Alllebens: sie begreift das Einzelne als die lebensvolle Realisirung des Allgemeinen und den Weltlauf als eine fortwährende Manifestation der ihn bedingenden Vernunft.

Allerdings hebt die ethische Thätigkeit mit der bewuſsten Scheidung eines Lebenszweckes an, der dem Wechsel der Zustände als ein allgemeines Princip gegenübergestellt wird: aber zu wahrhaft ethischem Leben gelangt dieser Zweck erst da, wo er alle Einzelheiten und scheinbar werthlosen Kleinigkeiten mit der ganzen Fülle seines schöpferischen Inhalts durchdringt, wo er alle Thätigkeiten in die Einheit des allgemeinen Zweckes emporhebt und den erst so gehaltvoll werdenden Lebensproceſs zu einem organischen umgestaltet.

Allerdings fängt auch die Kunst damit an, sich aus der realen Welt in die der „reinen Formen" emporzuschwingen und dort auf den elysischen Gefilden den unvergänglichen allgemeinen „Gestalten" nachzugehen: aber die künstlerische Thätigkeit bildet diese allgemeine Gestalt mit durchsichtiger Klarheit in die besondre natürliche Form ein, und indem sie alle Zufälligkeiten in die organische Verbindung des zweckmäſsigen Allgemeingedankens auflöst, schafft sie in kleinen, harmonisch in sich geschlossenen Welten die seelenvollen Bilder des Alls.

So mag es denn wahr sein, dafs die vollkommene Aufhebung des Zufälligen nur möglich ist für den unendlichen Geist, der mit einem Blicke die ganze Welt der Gestaltungen umfafst und mit einem Herzschlag die ganze Welt des Geschehens durchdringt: immerhin werden wir daran festhalten können, dafs alles wissenschaftliche, alles moralische, alles künstlerische Leben ein unermüdlicher und wenigstens an einzelnen Puncten stets siegreicher Kampf gegen die Zufälligkeit ist.